田亮 著

宁远之战

辽宁人民出版社

© 田亮　2023

图书在版编目（CIP）数据

宁远之战 / 田亮著 . —沈阳：辽宁人民出版社，
2023.1
　（中国古代传奇战争系列）
　ISBN 978-7-205-10464-1

　Ⅰ . ①宁… Ⅱ . ①田… Ⅲ . ①明清时期战争—通俗读
物 Ⅳ . ① K248.09

　中国版本图书馆 CIP 数据核字（2022）第 082984 号

出版发行：辽宁人民出版社
　　　　　地址：沈阳市和平区十一纬路 25 号　邮编：110003
　　　　　电话：024-23284191（发行部）　024-23284304（办公室）
　　　　　http：//www.lnpph.com.cn
印　　刷：北京长宁印刷有限公司天津分公司
幅面尺寸：165mm×235mm
印　　张：17
字　　数：180 千字
出版时间：2023 年 1 月第 1 版
印刷时间：2023 年 1 月第 1 次印刷
责任编辑：贾　勇　赵维宁
封面设计：琥珀视觉
版式设计：一诺设计
责任校对：吴艳杰
书　　号：ISBN 978-7-205-10464-1

定　　价：49.80 元

序　言

　　明朝万历年间，政治已经腐败到了无以复加的地步，宦官把持朝政，党派斗争激烈。万历皇帝朱翊钧二十多年不问朝政，整日避居深宫，"穷耳目之好，极声色之欲"，而广大百姓早已不堪这种黑暗的统治，日夜挣扎在水深火热的痛苦生活之中。

　　对于明朝内部的种种暴政恶行，女真人努尔哈赤了如指掌，并认为这为他南伐创造了有利的社会条件。1618年春天，努尔哈赤祭祖告天，宣读了"七大恨"伐明誓词，然后率精锐骑兵，一举攻取了抚顺。全辽震动，告急文件如雪片般飞向京师，一向置国家大事于不顾、只一心渴求长生不死的万历皇帝此刻也坐立不安了。他颁布圣旨，命杨镐督师辽东，发兵征讨。

1619 年年初，杨镐坐镇沈阳，调动十几万大军，号称 47 万，分兵四路合力进攻赫图阿拉。努尔哈赤镇静自若，说："凭他几路来，我只一路去。"准备集中兵力，各个击破。中路明军到达萨尔浒，遭到伏击，溃不成军，统帅杜松战死。此役，讨伐后金的四路大军三路被灭，一路败逃。这一惨重失败使整个大明朝廷震惊。

萨尔浒战败时，书生袁崇焕正在邵武做知县。他深为国家前途忧虑，决心到边关报效。在他的努力下，1622 年年初，他到兵部任职，开始了戎马生涯。这一年，他 39 岁。

袁崇焕受任于败军之际，奉命于危难之间，弃文从武，担任边防重任。在孙承宗的领导下，袁崇焕充分地发挥了军事才能，他奉命驻守宁远，扼守辽西走廊，保卫山海关安全。他带领军民，营建宁远城，他规定，城高三丈二尺，雉高六尺，址广三丈，上二丈四尺，使宁远成为关外一座重镇。

1626 年正月，努尔哈赤以倾国之师 13 万人大举渡过辽河，向宁远进攻。面对如潮的金兵，袁崇焕气定神闲，命明兵不断发射西洋大炮轰击。金兵死者枕藉，努尔哈赤也被炮火所伤，不久死去。

明朝与后金的宁远之战，以明朝的胜利和后金的失败而结束。宁远大捷是明朝从抚顺失陷以来的第一个大胜仗，朝野欢欣鼓舞，扬眉吐气。接着明军又取得宁锦大捷，辽东形势大为改观。

　　然而，京都解围之后，魏忠贤余党以"擅杀岛帅""与清廷议和""市米资敌"等罪名弹劾袁崇焕，皇太极又趁机施用反间计，多疑的崇祯皇帝竟自毁长城，将袁崇焕凌迟处死。大明朝从此无力回天了。

　　1644年，李自成攻入北京城，崇祯帝在煤山自缢而死。在山海关一片石，农民军与吴三桂展开大战，一时尘土蔽日，天昏地暗。就在吴三桂军精疲力竭的时候，多尔衮抓住战机，突令清军出击。农民军已与吴三桂军相持了大半日，伤亡较多，而且力气耗费甚大，无法抵挡一直养精蓄锐的清军，因而阵脚大乱，一败不可收拾。农民军被杀者不计其数，投水溺死者，不知其几，横尸遍野，沟水尽赤。连续激战两天一夜的山海关大战终于结束了。

　　李自成退回北京城，仓皇称帝，然后向西退去。紫禁城迎来了新的主人。

　　本书以宁远之战为背景，讲述明末清初几十年惊心动魄的历史。朝代的兴衰治乱，人物的生死荣辱，能引发我们很多思考。

目 录

第三章　袁崇焕戍边

第四章　血战宁远

第五章　千古奇冤

第六章　收服洪承畴

第七章　李闯王称帝

第八章　王朝末日

第九章 清兵入关

第一章　晚明怠政

一、万历登基

万历帝朱翊钧，十岁登基，五十八岁病死，做了四十八年皇帝。这四十八年可以分作三个时期：万历元年（1573）至十二年（1584）为初政时期，因为年龄小，不掌实权；十二年（1584）至二十八年（1600）为亲政时期；二十八年（1600）至四十八年（1620）为怠政时期。万历帝怠政，长达二十余年，致使中枢瘫痪、党争不断、国库拮据、边务废弛，尤其是造成辽事大坏，使辽东努尔哈赤乘机崛起。

下面我们具体来讲。

隆庆六年（1572）五月，穆宗病危，临终前召内阁大学士高拱、张居正、高仪入宫，将十岁的太子朱翊钧托付给他们，不久溘然长逝。六月初十，皇太子朱翊钧正式即位，改元万历。

十岁的太子成为新的皇上，冯保可谓扬眉吐气，他要好好治一治高拱。

原来，冯保本来在内宫仕途上一帆风顺，很快被隆庆帝擢升为秉笔太监。后来，掌印太监出缺，冯保认为非自己莫属，不料首辅大学士高拱偏偏在皇上面前举荐了平日他最瞧不起的陈洪，后又推荐了孟冲，冯保气得要命。他认定这是高拱故意给他难看，好在皇上短命，他因自幼是太子的玩伴，因此与皇后、李贵妃过从甚密，故而随着太子的登基，他也一下子从幕后走到了台前。

冯保开始发挥自己的聪明才智和能言善辩的口才，与高拱展开了一场暗中较量。他向皇后及李贵妃推荐张居正，贬低高拱，又千方百计地为自己升为掌印太监铺平道路，讨得了皇后及李贵妃的欢心，她们对他真可以说是言听计从。

太子朱翊钧继承帝位后，改年号为万历。在冯保的左右下，张居正得到重用，而高拱明显地感到内宫对他不信任，于是他决定和冯保决一死战。

冯保顺利地当上了掌印太监，又兼东厂督主，可谓宫内宫外大权在握，因此他根本不把高拱放在眼里。张居正目睹冯高二人的争斗，预感到朝廷要有一场暴风雨。他决定不去参与，顺其自然，以静制动。

终于，冯保抓住了高拱的一个把柄。高拱在内阁曾对同僚们说："十岁太子如何治天下？"冯保深知，这句话足以扳倒高拱。

这天一上朝，就见御前太监跨前一步急急宣布："两宫太后和皇上有特旨在此，文武群臣细听着！"

接着，由冯保展旨，高声诵读："告尔内阁五府六部诸臣！大行皇帝宾天之先，召内阁三臣至御榻前，同我母子三人，亲授遗嘱曰：'东宫年少，赖尔辅导。'无乃大学士高拱，揽权擅政，威逼自专，通不许皇帝主管。我母子日夕惊惧，便令回籍闲住，不许停留……"

真如晴天霹雳，高拱又羞、又怒、又恨、又急，从脚下到头顶渗出阵阵冷汗，差点儿没昏过去。

高拱被罢了官，高仪不久也作古，剩下张居正一人独守文渊阁，一身挑起了首辅的重任。

皇帝年幼，他的教育问题成为内阁首辅张居正的头等大事。张居正深感教育好一个皇帝是一件利国利民的事情，于是他自己毅然肩负起教育小皇帝的责任。他每日除安排好功课外，还专门为万历帝讲解经史；将每日早朝改为每旬三、六、九日上朝，其余时间均安排给万历攻经读史；又请李太后移居乾清宫，让其与万历同住，以便朝夕照护，调理管束。

万历读书的地方叫文华殿，坐落在紫禁城东部，为历代皇帝就读省事之处。

十岁的万历帝，尽管已身为人主，心则终属童稚。他爱玩、爱闹，天性活泼，兴趣广泛。可当了皇帝，一切由不得他了。严厉而令人敬畏的张居正先生不仅亲自为他讲解经史，而且还为他任命了五个讲经说史的老师，两个教书法的老师，为他编订了厚达一尺多高的讲义。每日上午，他要学经书、书法、历史。吃过饭后的时间他本可以自由支配，却仍不敢懈怠半分，因为李太后和冯保叮嘱他要温习功课，第二天必须把所学的内容背诵出来。如果准备充分，背书流利，张居正先生就会颂扬天子圣明；如果背得结结巴巴或读出别字错字，张居正便会以严师的身份加以训斥，使他感到诚惶诚恐。

小皇帝对张居正，也是非常尊敬，从来不称名道姓，而是称"先生"，所下的诏令，凡提及张居正时，都写"元辅"。

万历朝的前十年，政府在张居正的领导下，面貌焕然一新。张居正在政治上推行考成法：内阁稽查六科，六科稽查六部、都察院，六部与都察院稽查巡抚、巡按，巡抚、巡按考察地方官员。这样一来，内阁成为政治运转的中轴，而吏治也得到了很大的改观。在经济上，张居正实行清丈田粮、推广一条鞭法，结果清查出了大量的隐匿、遗漏田地，在税收上则将一切徭役折银，按丁、粮加以摊派，简化了税收的条目，也改变了过去赋役不均的状况。这一切举措，又都是在小皇帝的支持下进行的，对于明王朝的经济状况有非常大的成效。户部管辖的太仓库的收入，从隆庆时期的每年200万银两左右升至万历初年平均每年三四百万两，京师粮食的储量也往往是隆庆年间的三倍左右。这一切，都是张居正的功劳。

只不过，张居正也许忘了，十年间，除了国家财富的激增之外，小皇帝已经不再是昔日的小皇帝了，而是一个成长为近二十岁的青年。在他年轻的心中，除了有对张居正的感激之外，是否也有无法施展自己身手的遗憾呢？如果真是这样，那么要成为大权独揽的真正皇帝，万历小皇帝就必须摆脱张居正的影响。这样的契机直到万历十年（1582）才姗姗来迟。当初的万历小皇帝，此时已经是大婚四年的青年。

二、清算张居正

万历十年（1582）六月二十日，一代名臣张居正病逝。

张居正过去的改革之所以能顺利进行，在很大程度上取决于万历皇帝与他保持了一致的态度。这种局面由两种因素决定：一是自嘉靖以来与日俱增的政治危机，使得统治阶级再也不能按照原来的样子继续统治下去了，所以反对改革的势力未能占据上风；二是由于万历皇帝即位后，年仅十岁，他对身兼严师和首辅双重身份的张居正又敬又畏，处处听从其指点，因此对其进行的改革并无疑义。在这种形势下，张居正代表的是地主阶级的整体利益，行使的是至高无上的皇帝的权力，所以才使其改革取得了迅速成功。

后来，情况却发生了很大变化。一方面，改革已见成效，危机已经缓解，官僚和贵族们在贪婪的本性驱使下，强烈要求冲破改革时期所受的节制，并进而废弃改革；另一方面，万历皇帝随着年龄的增长，对于"威柄震主"的张居正日益不满起来，嫌张居正把自己管得太严，使自己不能自由地行使权力。张居正活着的时候，他不敢怎么样，现在张居正死了，他就谁也不怕了。

张居正去世两年之后的万历十二年（1584）八月，万历皇帝在都察院参劾张居正的奏疏中批示道："张居正诬蔑亲藩，侵夺王坟府第，箝制言官，蔽塞朕聪。……专权乱政，罔上负恩，谋国不忠。本当断棺戮尸，念效劳有年，姑免尽法追论。"这时候的张居正一家，已经被抄家。张府人口，一些老弱妇孺因为来不及退出被封闭于张府，饿死十余口；张居正的长子张敬修留下了一份遗书，悲愤地自缢身亡；张居正八十岁的老母还是在首辅大学士申时行的请求下才留有一所空宅和十顷田地。张居正恐怕生前绝对想不到，他死后竟然会遭到一手扶持的万历皇帝如此无情的惩处！

历史是无情的。张居正死后，他的改革被废止了，万历皇帝如小鸟出笼，无拘无束，他嗜酒、贪色、爱财，满足私欲，大肆发作。他横征暴敛，挥金如土。朝廷上下荒淫腐败，糜烂不堪，各种社会矛盾加剧，一发不可收拾，再也无人能力挽狂澜了。

万历二十四年（1596）万历皇帝派出宦官到各城镇监矿征税，踢开地方政府，另行组织中使衙门，一座中使衙门往往有上千人为其服务，这些人如狼似虎，把本该收归户部的税金纳入皇帝的私囊。这些税使自恃有皇帝的特谕，公然宣称奉有密旨，监察官员不得纠劾，走到哪里就在哪里纠集地痞流氓，践踏官府，凌逼大臣，横征暴敛。那些忠于职守的地方官、奉公守法的士大夫自然就成为他们横行不法的障碍，因此受到空前的迫害。万历皇帝不理朝政，对朝臣的奏疏，不理不问，却对宦官的密报言听计从，凡是被这些宦官告密的地方官，朝上夕下，立遭重处，因此受到迫害的大小官员不计其数，这飞来的横祸使得满朝文武大臣惊恐不安。

从中央到地方的官僚机构，本是封建王朝法定的统治系统，也是皇帝赖以稳定统治的主要支柱。官员是朝廷的命官，依据国法执行管理社会的职能，他们的职权要受到朝廷的保护，这是统治者长远利益的体现，任何君主不管怎样为所欲为，在客观上都不能不受到此种利益的限制。万历皇帝给自己的家奴以这样大的权势，这就使 16 世纪末的中国出现了这样一种怪现象：居于统治社会最顶端的至高权威，同流氓地痞这些社会最下层的恶势力直接挂钩。上下两股恶势力的纠合与作用，更加激发他们谋求暴利的贪欲，像破笼而出的野兽，吞噬所能掠夺的一切财物。

三、荒怠的皇帝

从某种意义上来说，万历皇帝从他的祖父那里隔代遗传下来的，除了自大心理之外，还有乾纲独断的心态。万历皇帝是一个权力欲极重的人，而且，与他的父亲不同，他不是一个平庸的君主。实际上，万历一朝的大事，如万历三大征，都是在万历皇帝的布置下进行的。所谓万历三大征，是指在东北、西北、西南边疆几乎同时开展的三次军事行动：平定哱拜叛乱；援朝战争；平定杨应龙叛变。看来，万历皇帝并不是无所作为，他也不是缺乏能力。

那么，万历皇帝是什么时候从一个立志有为的皇帝变成一个荒怠的皇帝呢？又是什么让皇帝堕落得如此厉害呢？按照晚明的一位名士夏允彝的说法，万历皇帝怠于临朝的原因，先是因为宠幸郑贵妃，后是因为厌恶大臣之间的朋党斗争。但是，学者们也以为，万历皇帝之怠于临朝，还有他身体虚弱的原因。当然，身体虚弱的背后，是酒色之欲。

万历十七年（1589）十二月，大理寺左评事雒于仁上了一疏，疏中批评神宗纵情于酒、色、财、气，并献"四箴"。对皇帝私生活这样干涉，使万历皇帝非常恼怒。幸好首辅大学士申时行婉转开导，说皇帝如果要处置雒于仁，无疑是承认雒于仁的批评是确有其事，外面的臣民会信以为真的。最后，雒于仁被革职为民。

酒色的过度，使万历皇帝的身体极为虚弱。万历十四年（1586），24岁的万历皇帝传谕内阁，说自己"一时头昏眼黑，力乏不兴"。万历十八年（1590）正月初一，万历皇帝自称"腰痛脚软，行立不便"。万历三十年（1602），万历皇帝曾因为病情加剧，召首辅沈一贯入阁嘱托后事。从这些现象看来，万历皇帝的身体状况实是每况愈下。因此，万历皇帝亲政期间，几乎很少上朝。他处理政事的主要方法是通过谕旨的形式向下面传递。

万历三大征中边疆大事的处理，都是通过谕旨的形式，而不是大臣们所希望的"召对"形式。在三大征结束之后，万历皇帝对大臣们奏章的批复，似乎更不感兴趣了。所以，万历皇帝荒怠的情形，还真有前后两个阶段：前一阶段是不愿意上朝听政；后一阶段是连大臣们的奏章也不批复，积压不发。

由于万历皇帝长期不理朝政，万历后期官员空缺的现象非常严重。

万历三十年（1602），南、北两京共缺尚书 3 名、侍郎 10 名；各地缺巡抚 3 名，布政使、按察使等官 66 名，知府 25 名。按正常的编制，南、北二京六部应当有尚书 12 名，侍郎 24 名，这时总共缺了近三分之一。到万历四十一年（1613）十一月，南、北两京缺尚书、侍郎 14 名。地方的行政管理，有时必须由一个县的知县兼任邻县的知县。由这样的情形，我们可以想见万历后期政府运作的效率。万历皇帝委顿于上，百官党争于下，这就是万历朝后期的官场大势。官僚队伍中党派林立，门户之争日盛一日，互相倾轧。东林党、宣党、昆党、齐党、浙党，名目众多。整个政府陷于半瘫痪状态。正如梁启超所说，明末的党争，就好像两群冬烘先生（指昏庸、浅陋的知识分子）打架，打到明朝亡了，便一起拉倒。这样的恶果，未尝不是由万历皇帝的荒怠造成的。

四、李成梁守辽

明朝建立之后，为加强北部防务，设立"九边"，驻军防守。"九边"就是沿着长城，由东往西，分别设立的九个军事镇守防区——辽东镇、蓟州镇、宣府镇、大同镇、太原镇、榆林镇、固原镇、宁夏镇、甘肃镇。辽东镇的设立是在洪武初年，其辖地主要是今辽宁地区。在辽东，洪武初年设辽东都指挥使司，简称"辽东都司"，进行军事防御和军事屯田，建立起军事组织系统。都司下设卫，卫下设所（千户）。辽东镇是由朝廷派总兵官镇守，派巡抚、太监等在辽东监镇。辽东镇有严密的防御体系，这个防御体系从鸭绿江开始，往西大约有一千公里。

辽东镇的防御体系，以城堡为依托，以军队为防守。

在明朝隆庆、万历年间，李成梁任辽东镇总兵前后达三十年，他经营的辽东战守格局，一直影响到明末。

李成梁，生于嘉靖五年（1526），他的先祖在朝鲜，明初内附，就到了辽东，后来落籍到铁岭，因军功授世袭铁岭卫指挥金事。李成梁出身将门，史载他"英毅骁健，有大将才"。但李成梁小时候因为家境不富裕，不能袭职，直到四十岁还是诸生。后来得到一位巡按御史器重，资助他到北京，才得以袭职。后因军功，升为参将，又升为副将，直至升为总兵官。李成梁升任总兵官之时，恰恰是在张居正当国的时候，大体就是万历元年（1573）到万历十年（1582）这段时间。张居正对内整顿朝政，对外支持戚继光和李成梁。所以李成梁和戚继光都有所作为。直到现在，当年万历皇帝为李成梁敕建的牌坊，还矗立在今辽宁省北宁市。李成梁两任辽东总兵，第一次守辽二十二年，第二次守辽八年，前后三十年。他主要做了两件事情：一是遏制蒙古，一是打击海西女真。

辽东地区蒙古势力连年攻掠，形势严重。但是，万历初年，张居正为相，"用李成梁镇辽，戚继光镇蓟门"，明军辽东军事防御比较严密，有力地阻击了蒙古贵族势力骚扰。后来蒙古的土蛮汗去世，另外一个重要的蒙古族首领也死了，蒙古各部矛盾纷争，互相倾轧，逐渐走向衰落。原来蒙古势力达到鸭绿江，控制着女真的势力，蒙古势力衰弱之后，女真的势力又抬头了。李成梁没有料到，他打击蒙古势力的同时，也为女真发展扫清了障碍；而女真势力，将是更强悍的对手。

明代女真分为建州女真、海西女真、东海女真和黑龙江女真四大部分。其中黑龙江女真和东海女真离明朝辽东腹地较远，又居住分散，对辽东构不成威胁。对辽东影响较大的是海西女真。海西女真主要分为四部——叶赫部、哈达部、乌拉部、辉发部。其中实力最强的是叶赫部和哈达部。所以李成梁用兵的重点就指向了叶赫和哈达。

李成梁对叶赫和哈达施以铁腕，两部罹受重难，死伤惨重，城中老少，昼夜号泣。在他第二次担任辽东总兵时，以宽甸六堡孤悬难守为由，建议放弃，强制居民全部迁徙到内地。老百姓恋家不肯走，李成梁就派大军驱迫，死者狼藉，还有一部分辽民逃入建州。

李成梁家族庞大，为辽东大户。他的五个儿子如松、如柏、如桢、如樟、如梅，都是在辽东或西北战场成长为总兵官，其中李如柏、李如桢后来都做过辽东总兵。另外四个儿子如梓、如梧、如桂、如楠，也都做到参将。

李成梁活了九十三岁，在当时是罕见的高寿，这位老将军身板真是硬朗。他死于万历四十六年（1618），第二年努尔哈赤就在萨尔浒大破明军。李成梁时代的结束，努尔哈赤的时代开始了。

第二章　后金崛起

一、努尔哈赤统一女真

努尔哈赤出生在一个自元朝起就世代为官的贵族家庭。到明朝年间，努尔哈赤的六世祖猛哥帖木儿被明成祖朱棣封为建州卫指挥使，并率部落南迁到图们江下游（今朝鲜会宁）定居。女真部落间互相征伐兼并的事情延续不断，到努尔哈赤出生的时候，女真各部之间的争斗依然没有停息，这便给了自小就渴望建立一番功业的努尔哈赤以实现自己理想的机会。

努尔哈赤十岁的时候，母亲因病去世，由于继母对待他和弟弟非常刻薄、阴毒，因此，在努尔哈赤十五岁那年，他就带着十岁的弟弟舒尔哈齐离家出走，投奔了外祖父王杲。

王杲由于长时间和汉人打交道，因此受汉化较深。在祖父王杲的影响下，努尔哈赤也结识了不少汉人，并学会了说汉语和写汉字。努尔哈赤当时最喜欢看的两本书是《三国演义》和《水浒传》，看到精彩处，努尔哈赤常常是情不自禁地拍手称赞，也正是这些英雄事迹在潜移默化地影响着这个少年。

王杲是建州女真部落中著名的首领之一，随着自身势力的逐渐强大，王杲开始与明王朝作对。万历二年（1574），明朝辽东总兵李成梁率兵消灭王杲，王杲及其家属被杀，机智的努尔哈赤当即跪在李成梁的面前痛哭流涕，因而被李成梁收为随从和侍卫。此后，善于骑射的努尔哈赤因作战英勇、屡建战功而深受李成梁的赏识和器重，待努尔哈赤也如儿子一般。

三年后，因外祖父被李成梁所杀而怀恨在心的努尔哈赤借口回家成亲，离开了李成梁，并在结婚后另立门户。此后在辽东地区的六年游历生活，使努尔哈赤的人生见识和军事才能都得到了充分的锻炼。

到了二十五岁时，努尔哈赤的祖父和父亲被讨伐女真部落的明将意外给杀害了。噩耗传来，努尔哈赤悲痛欲绝，愤然责问明朝驻边官吏，为何杀死他一向忠于朝廷的祖父和父亲。那官吏自知理亏，无言以对，只好抚慰努尔哈赤，并让他袭任祖父之职，担任现任的建州左卫都指挥使。努尔哈赤为了报仇，强忍了心中的仇恨，接受了明朝的抚慰。

原来祖父及父亲的突然丧命是因为明将受建州女真图伦主尼堪外兰的唆使而致。为替父祖报仇，努尔哈赤整点出父祖的十三副遗甲，率领不足百人的部众，击败并杀死了帮助明军的尼堪外兰。此后，努尔哈赤东征西讨，势力日益扩大，万历十五年（1587）在烟筒山下建费阿拉城称王，并很快将整个建州女真统一在他的麾下。

努尔哈赤崛起后，成了居住在开原以东和松花江中游一带的海西女真的心腹大患。万历二十一年（1593）九月，海西女真各部集三万兵马，分三路向建州进攻。当时，大家听说三万人马来攻建州都非常惊惧，努尔哈赤却泰然自若地对众人说："九部联军号称三万，但不过是些乌合之众；我们尽管人少，却心齐志坚，又能立险扼要，以一当十。只要先击杀他们的头目，其部属必会不战自溃。"听了这番鼓动，将士们顿时信心倍增。战斗打响，努尔哈赤身先士卒，宛如天神一般神武无敌，力斩联军首领布斋，联军没了首领，顿时溃不成军，这一仗努尔哈赤大获全胜，从此威名远震。

万历二十七年（1599）九月，叶赫与哈达两个部落之间发生冲突。哈达首领孟格布禄自知不是叶赫对手，便把自己的三个儿子送到费阿拉城做人质，请求努尔哈赤派兵相助。这无疑给了努尔哈赤一个出兵的良机。他即刻派费英东、噶盖率领两千兵马前去救援。叶赫得知哈达引来了努尔哈赤的援兵，顿时没了主意。后来有人提议将哈达收买，然后与哈达对付努尔哈赤，这样不仅可解目前之困境，还可使努尔哈赤受挫。叶赫部派人给孟格布禄送去一封信，信中极尽威胁利诱之能事，并声言如果哈达能够捉住建州派来的两员大将，叶赫将与哈达重修前好。孟格布禄还真上了叶赫的圈套，答应按其主意行事。得知此事，努尔哈赤火冒三丈，恨透了这个出尔反尔、过河拆桥的哈达，当即命令弟弟舒尔哈齐做先锋，率兵一千人去征伐恩将仇报的哈达。舒尔哈齐率军赶到哈达城下，见敌军气势正盛，不可轻易交战，便在城下按兵不动。随即赶到的努尔哈赤冒着矢石带兵猛攻，经过七天七夜的激战，终于攻克了哈达城，生擒了孟格布禄。

随后，在万历三十五年（1607），努尔哈赤先派精兵数十人装扮成商人混入辉发城，作为内应。然后自己亲率兵马逼近辉发城下，里应外合，一举灭亡了辉发。

万历四十年（1612）九月，努尔哈赤又亲率大军征讨乌拉。人强马壮、骁勇善战的建州兵以迅雷不及掩耳之势连下乌拉六城。贪生怕死的乌拉首领布占泰苦苦哀求努尔哈赤手下留情，才保住了自己的小命。努尔哈赤命令布占泰将人质送到建州，留下军士千人驻戍，遂率大军撤回。

第二年，布占泰再次背约，努尔哈赤又一次兵临城下。在来势凶猛的建州大军面前，布占泰丢盔弃甲，只身逃往叶赫。建州军击溃敌兵三万，斩杀一万，获甲七千副，灭亡了乌拉。至此，海西扈伦四部仅剩下叶赫一部了。

万历四十七年（1619），努尔哈赤发动了攻取叶赫的战争。当时叶赫有东西两座坚固的城堡，分别由两个首领金台石和布扬古坚守。勇猛善战的叶赫兵与久经沙场的建州兵拼杀得你死我活，经过多次激战，建州兵冲入东城，叶赫人据家死守。努尔哈赤见此就传下命令：凡城内军民，投降者一概不杀。结果此令一下，叶赫军民纷纷放弃抵抗，只有首领金台石继续带着家眷、近臣躲在堡楼上负隅顽抗。努尔哈赤的兵士准备用斧子砍毁石楼，金台石见走投无路，又想放火自焚，结果建州兵士一拥而上，将他俘获，随即被下令绞死。东城沦陷，西城也乱作一团，没过多时，布扬古的堂弟打开城门投降，布扬古被迫投降后也被努尔哈赤绞死。

在统一建州女真和海西女真的同时，努尔哈赤对海东女真诸部也采取了征伐与招抚两手并用的策略。从万历二十六年（1598）开始，努尔哈赤从海东女真瓦尔喀部、窝集部和虎尔哈部先后向建州迁入五万多人。到万历末年，努尔哈赤统一了所有的女真部落，成为女真部落真正的王。

二、创建八旗

万历四十四年（1616）正月初一，努尔哈赤建立大金国，定年号为天命。这就是历史上的"后金"。

为了弥补建州地区的经济缺陷，努尔哈赤一方面积极发展建州地区的经济，另一方面致力于发展与汉族地区的贸易。他用当地出产的人参、貂皮、东珠、马匹等特产，换回建州人民缺乏的生活必需品。为了解决湿人参容易腐烂的问题，努尔哈赤还创造了煮晒法，即把人参煮熟晒干，然后保存起来待价而沽。这样做便避免了汉商低买高卖现象的发生。仅在抚顺地区，努尔哈赤每年就获利高达几万两。

创建八旗制度，也是努尔哈赤的一大功绩。八旗制度的雏形是女真氏族公社末期的狩猎组织。那时，每逢出师行猎，氏族成员便每人出一支箭，以十人为一单位，称"牛录"，汉语是箭或大箭的意思。十人中立一总领，称"牛录额真"。牛录额真即大箭主。随着女真社会的不断发展，牛录组织也日益扩大，并演变成奴隶主贵族发动掠夺战争和进行军事防御的工具，但那时候它只是临时性的。努尔哈赤把它扩展为常设的社会组织形式。1601 年，他把每个牛录扩充为三百人，分别以黄白红蓝四色旗作为标志。由于兵力不断增加，1615 年努尔哈赤又将五牛录作为一甲喇，五甲喇作为一固山，分别由甲喇额真与固山额真来管辖。每个固山还设梅勒额真二人，作为固山额真的助手。这样，原来的四大牛录便扩大为四大固山。仍以四色旗为标志，又称四旗。同时又增编镶黄、镶红、镶蓝、镶白四旗，与前面四旗合称八旗。八旗制度是"以旗统人，即以旗统兵"的兵民一体、军政合一的社会组织形式。八旗兵丁平时耕垦狩猎，战时则披甲出征。八旗旗主即八个固山额真，都由努尔哈赤的子孙担任，他们集军事统帅和政治首领的身份于一身。努尔哈赤则是八旗的家长和最高统帅，他为八旗军队制定了严密的纪律。八旗制度的实行，提高了女真的军事战斗力，也促进了女真社会的发展。

创制和颁行满文，对满族文化的发展起到了里程碑式的作用。努尔哈赤兴起后，女真族仍没有自己的文字，但因为这时的建州经常与明朝、朝鲜有公文来往，所以每次都只能让汉人用汉文书写。每逢向女真人发布政令，则先用汉文起草，然后再译成蒙古文。女真人讲的是女真语，书写却用蒙古文，语言与文字的不统一为女真社会的发展造成了层层阻碍，这便促使努尔哈赤决意创制记录满族语言的符号——满文。他命额尔德尼和噶盖承担了创制满文的任务。但他们俩都觉得女真人使用蒙古文由来已久，现在要创造自己的文字，真是困难重重，不知如何下手。努尔哈赤便让他们参照蒙古文字母，并结合女真语言的发音方法及发音规律，通过拼读成句的方式，再撰制成满文。噶盖后来因罪被杀，就由额尔德尼完成了创制满文的任务。满文的创制和颁行，加速了满族社会封建化，加强了满族人民内部以及满汉之间的思想文化交流。

三、萨尔浒之战

万历末年，明朝的政治已经腐败到了无以复加的地步，宦官把持朝政，党派之争激烈。万历帝朱翊钧已二十多年不问朝政，整日在深宫之中与宫女、太监厮混，"穷耳目之好，极声色之欲"，而广大人民早已不堪这种黑暗的统治，日日夜夜不停地挣扎在水深火热的痛苦生活之中。

对于明朝内部的种种暴政恶行，努尔哈赤了如指掌，并认为这为他南伐创造了有利的社会条件。那时正逢辽东女真地区灾荒严重，饿殍遍野，整个女真社会人心不稳，努尔哈赤认为这是一个南征大明的绝好机会。这不仅可以将女真人的不满情绪引向明朝，还可通过对明战争掠夺汉人的财富，来缓和后金的危机。

后金天命三年（明万历四十六年，1618）春天，努尔哈赤召来众大臣，向他们宣布了自己准备出师伐明的决定。四月十三日，兵马粮草准备就绪，努尔哈赤率领众臣众兵，祭祖告天，宣读了"七大恨"伐明誓词。第二天，努尔哈赤率领着千军万马浩浩荡荡向抚顺进发。青年时代的努尔哈赤经常在抚顺这个明朝边防的重镇进行贸易活动，因此对抚顺的地形了如指掌。这次，他便以三千女真人要来做生意为由，将自己的先遣部队混进了抚顺城，然后来了个里应外合，一举攻取了抚顺城。抚顺守将李永芳在毫无防备的情况下束手就擒。这时，努尔哈赤派往东州、马根单的一路大军也传来了捷报。辽东总兵张承胤闻讯率兵万人仓促来援，然而这时努尔哈赤早已带着缴获而来的大批武器辎重撤出了抚顺，并在中途设下埋伏，全歼了张承胤的援军。

抚顺、清河两地在短短时间内相继失守，全辽震动，告急文件如雪片般飞向京师，一向置国家大事于不顾、只一心渴求长生不死的万历皇帝此刻也坐立不安了。他亲自颁布圣旨，交九卿科道会议辽事，并当即起用杨镐为兵部右侍郎兼辽东经略。为了进攻后金，明朝在全国加派军饷，转输粮秣，以应军需；辽东都司咨文朝鲜，胁迫其出兵，合力征讨。

明万历四十七年（1619）二月，杨镐坐镇沈阳，调动十几万大军，号称47万，分兵四路合力进攻后金都城赫图阿拉。这时，突然天降大雪，出师日期只得向后推迟四天。杜松和刘綎分别以大雪迷路和不熟地形为由，请求再缓行期，但骄傲自大又无谋略的杨镐只想着自己人数众多绝对可以取胜，因此在前路未明、敌我不辨的情况下置各种不利因素于不顾，仍然大举进兵。明朝十几万大军压境，后金大臣顿时乱作一团，努尔哈赤却依然镇定自若，谈笑风生。

而此时，东、北两路明军由于山路崎岖等各种原因，行军速度相当缓慢。唯独杜松一路日行百里，昼夜兼程，于三月一日来到萨尔浒。他兵分两部，一部在萨尔浒山下扎营，另一部由杜松亲自率领向东北方向的吉林崖进军。

努尔哈赤率军迎战。奉命在萨尔浒扎寨的明军，初至萨尔浒谷口便遭后金四百名埋伏者的袭击，后军又受到八旗军的拦截，还没有开始战斗，就已经锐气大挫，兵伤马毙。

随之，努尔哈赤挥师前往吉林崖。原来驻守吉林崖的后金军队见杜松率部抵达山脚，便从山上冲下来迎击。此时，皇太极率领的两旗兵马正好赶到。杜松军腹背受敌，正准备鸣金收兵，谁知努尔哈赤率军正好赶至，挡住了明军的去路。本就士气不高的明军在经过长途跋涉之后，早已兵困马乏，腹背受敌之时便都无法支撑，这下只能是任人宰割了，没多大一会儿，明军尸陈遍野。明军主将杜松左右冲击，也未能杀出重围，最后矢尽力竭，落马而死。

接着，北路明军被后金的代善、阿敏和莽古尔泰打败，仅总兵马林等少数人脱逃。之后，努尔哈赤又命明军降卒假扮杜松的使者去催促东路明军统帅刘綎前来会战，刘綎立功心切，果然中计，结果落入了努尔哈赤的包围圈，由于孤军深入，难以退出又难以救援，兵力几乎被消灭殆尽。自己奋战了几十个回合，最后力竭身亡。李如柏的另一路明军出师最晚，且行动迟缓，还没同后金交手，就接到明军辽东主帅杨镐的命令，仓皇撤军，得以保全。

征战后金的四路大军三路被灭，一路败逃。萨尔浒之战的惨重失败使整个大明朝廷震惊，万历帝在严惩主帅杨镐和总兵李如柏的同时，随即起用因党争之祸回籍听勘的前任御史熊廷弼宣慰辽东，收拾败局。

熊廷弼的到来使人心惶惶、准备外逃的百姓又安下心来，濒于溃散的军队重新焕发了斗志，一度陷于混乱的前线终于稳定下来。这一切也迫使努尔哈赤不得不谨慎从事，放慢了继续进军的脚步。

四、开原、铁岭失守

萨尔浒一战，明军四路丧师，后金军大获全胜。努尔哈赤在赫图阿拉衙门里搭起凉棚，召集八旗贝勒、大臣分坐八处，大贝勒代善、二贝勒阿敏、三贝勒莽古尔泰、四贝勒皇太极和投降的朝鲜都元帅姜弘立、副元帅金景瑞六人坐在凳子上，举行大宴会。缴获的甲胄、兵仗、衣物、枪炮、粮食等，像小山似的堆积八处，按八旗、论军功进行分配。庆功之后，努尔哈赤立即召集最高军事会议，商讨下一步的作战方略。

在这个会上，降将李永芳建议，先打开原、铁岭，再北攻叶赫，西抚蒙古，等待机会，进攻沈阳和辽阳。此议被努尔哈赤采纳。李永芳是铁岭人、原明朝抚顺游击。努尔哈赤攻陷抚顺后，他投降了后金，得到努尔哈赤器重，招为额驸。

辽东经略杨镐在萨尔浒惨败之后，遭到举朝痛骂，斥责之声一片。明朝只得起用熊廷弼为兵部右侍郎兼右佥都御史，经略辽东。简单地说，让熊廷弼出任辽东最高军政长官，希望他扭转辽东败局。但是，熊廷弼还未及赴辽，开原、铁岭之战就打响了。

开原是明辽东防御体系北路的路城，其战略地位极为重要：西面遏制蒙古，北面控制海西，东面牵制建州，南面屏藩沈阳和辽阳。所以，开原是辽东北部最重要的一座路城。谁控制开原，谁就控制了辽东北部。

开原的防守十分薄弱，恰被努尔哈赤利用。万历四十七年（1619）六月初十，就是萨尔浒大战三个月之后，努尔哈赤探知开原守军到城外远处牧马，决定乘虚突袭开原。八旗军四万人行军三日，天降大雨，河水暴涨，道路泥泞。努尔哈赤先派哨探侦察开原一带雨量及道路状况，得到的回报是："开原无雨，道路不泞。"于是，努尔哈赤将兵分为奇正两路：以小股部队直奔沈阳为疑兵，沿途杀三十余人、俘二十人以虚张声势；主力部队则进靖安堡，直扑开原。

八旗军驰抵开原城下，辽东总兵官马林先期全无侦探，来不及布防，慌忙登城守御，并在四门增兵。八旗军一面在南、西、北三门攻城，布战车，竖云梯，鱼贯而上，沿城冲杀，杀得城上守兵溃散；一面布重兵于东门，进行夺门血战。两个时辰，攻冲三阵，争战激烈。由于后金派进的奸细"开门内应"，八旗兵得以夺门进城。摄道事郑之范临阵仓皇，身受箭伤，他下城骑马，带领家丁从北门逃遁。后郑之范被逮，死于狱中。

开原城失陷，副将于化龙、参将高贞、游击于守志、招兵游击任国忠等皆死，马林被斩。

后金军因进攻开原遭到顽强抵抗，故得胜后杀戮甚惨。史载，死者达六七万人，子女、财帛悉被掳走。

时明铁岭卫守军得知后金军进攻开原的哨报，派兵三千增援，后金诸贝勒急带兵迎击。明军见开原已经失陷，后金兵马前来接战，便调拨马头，撤退回军，但被斩四十余人。

开原与铁岭，掎角相峙，互为声援。开原失，铁岭危。明朝失陷开原后，接着失陷铁岭。

铁岭是卫城，在开原以南，沈阳以北。努尔哈赤夺取开原一个月之后，七月二十五日，又率领贝勒大臣统兵五六万，出三岔儿堡，围攻铁岭城。努尔哈赤坐在铁岭城东南的小山上，指挥八旗军的步骑分四面攻城。城上游击喻成名、吴贡卿、史凤鸣、李克泰等率军坚守，放火炮，发矢石，八旗兵死伤很多。铁岭兵民，"一城皆忠义"，拼死守城。努尔哈赤派兵竖起云梯登城；同时，明参将丁碧已被收买，此时开门迎敌，后金军就蜂拥而入。所以努尔哈赤打铁岭时虽然经过激战，但因为有内应，没有重大伤亡。明游击喻成名等因外无援兵，内有叛徒，城陷之后，力战阵亡。

铁岭失陷后，城中士卒遭到残酷的屠杀。后金屯兵三日，将所获人畜，论功分赏给三军。

铁岭附近的小堡，则被后金军横扫。

当时奉命守铁岭的为总兵官李如桢。

李如桢为李成梁第三子，然将门亦有犬子，他因父荫得官，未历行阵，素不知兵，骄纵跋扈，是个纨绔子弟。

到辽东后，经略杨镐以李如桢为铁岭人，派他守铁岭。铁岭是李氏宗族、坟墓所在。但在李如柏还京候勘时，其族党部曲、豪门大户皆随之而去，车载马驮，城中空虚。李如桢领命后，未驻铁岭，而驻沈阳。作为总兵官，却躲在后方，怎能让将士心服？所以失败也是注定了的。

正当辽东战事吃紧之时，明朝朝廷上也乱成一锅粥。万历皇帝死了，他的儿子泰昌帝立，登极仅一个月又死，万历的孙子天启皇帝再立。一月之内，皇宫里头办了两次国丧，一片哀泣。历史上著名的"明宫三案"，即梃击案、红丸案和移宫案，反映了明廷内部党争之激烈，也在一定程度上影响了辽东战局。

五、明末党争与"三大案"

三案是指梃击案、红丸案和移宫案，它是明朝末年党争中的一个焦点。

万历四十三年（1615）五月初四的傍晚，有一个不知道姓名的男子，手里拿着一个枣木棍，闯进了太子朱常洛居住的慈庆宫，打伤守门的太监，一直到大殿的檐下才被内侍们擒住。当时属于浙党的一个巡城御史刘廷元审问后向皇帝奏称：这个犯人叫张差，蓟州人，说话语无伦次，可能有疯癫病。后来又经过浙党里的两个官员审问，结果和初审完全一样。于是，就准备按疯癫来结案。但当时朝廷内外的多数官员都怀疑是郑贵妃和他的弟弟郑国泰指使张差谋害太子，为了给朱常洵夺得太子的地位。而且浙党的魁首方从哲向来是靠依附郑贵妃来巩固他的地位，所以人们对浙党官员的两次审讯结果表示怀疑。

当时任刑部主事的王之寀私下偷偷探询张差的口气，查出张差确实是受人指使，从蓟州来到京城，被一个太监带进宫里作案的。王之寀把所查到这一情况报告万历帝，并且说，张差既不癫也不狂，反而很有胆略和心计，就要求举行朝审或者会审。这时，浙党就起来攻击王之寀，说他胡说八道，坚持认为张差是疯癫，并且要求立即把张差处决。

后来，刑部会同十三司官员举行会审，张差供认说是太监庞保、刘成二人指使他打进慈庆宫的，并且告诉他，如果他能打死太子，就有吃有穿的。而庞保和刘成这两个人都是郑贵妃宫中的内侍。至此，真相大白，一时议论纷纷。万历帝恐怕进一步追查会牵涉郑贵妃，就下令把张差凌迟处死了，把庞保和刘成也秘密地在内廷里处决。这个案件就这样草草地了结了，这就是所说的"梃击案"。

又过了几年，万历帝病死了，太子朱常洛就在那年的八月初一继承了帝位，就是泰昌帝。泰昌帝还是太子时，就已经有了妃子和许多宫女，其中有两个被挑选出来侍候太子的姓李的选侍最得宠，称为东、西李，而西李之宠又在东李之上。朱常洛当了皇帝以后，郑贵妃怕他记恨前仇，就选了四个美女进献给他，以此来讨好泰昌帝。这下子，美女们便要了他的命。泰昌帝整天起居没有节制，沉溺在女色之中，由于过度淫欲，即位没几天就得了病。内医太监崔文升给他开了一服泻药，泰昌帝服后，腹泻不止，一天要拉三四十次。后来，鸿胪寺丞李可灼给他献上一颗红丸，称它是粒仙丹，泰昌帝服后，觉得很舒服。过了半天，李可灼又给他献上一颗，泰昌帝服了，睡到第二天凌晨就死了。这样，泰昌帝只当了29天的皇帝，是明朝在位时间最短的皇帝。这就是"红丸案"。

泰昌帝死后，内外官员都归咎于李可灼，可是内阁首辅方从哲却用泰昌帝遗诏的名义，拟赏李可灼 50 两银子。于是，群情大哗，纷纷上疏弹劾李可灼和方从哲。迫于这种压力，方从哲才把李可灼的赏银改为罚俸一年。但是，事情并没有就这样了结，弹劾的奏章还是接二连三地送上来，指责内医崔文升是郑贵妃的心腹，故意用泻药，使泰昌帝元气不能恢复，他的罪不在张差之下，又指责李可灼进献红丸致泰昌帝死亡，这是罪不容诛的，同时又弹劾方从哲有十大罪状，应该杀掉。方从哲在许多官员的指责下，只好辞官了。又过了两年，东林党人礼部尚书孙慎行再次追究李可灼和方从哲的罪状，指斥方从哲弑君，大逆不道。这时，又有许多官员都要求办方从哲的罪。方从哲上疏力辩，同党的官僚们也极力为他辩护，争吵了好久，结果只是李可灼被充军，崔文升被贬放到南京，而方从哲还是无事。

选侍西李在泰昌帝没死的时候曾恃宠谋取了皇后的地位，泰昌帝死后，又企图借皇长子的缘故，掌握大权。她要下面的官员把奏章先交给她看，然后才转给皇长子。而且，泰昌帝死后，她还是住在乾清宫里，没有搬出来的意思。本来，按照封建礼仪制度，只有皇帝和皇后才有资格住在乾清宫。而西李仅是个选侍，住进乾清宫是倚仗泰昌帝的宠爱。泰昌帝死了以后，按照当时的规矩她必须搬出去，让新任的皇帝搬进来。这样，一些大臣在泰昌帝死后的第二天就联合上疏请西李移宫。其中御史左光斗的言论最为激烈，他说，西李既不是嫡母，又不是生母，却以正宫的姿态自居，而让皇长子居住在慈庆宫，名分倒置。还说，如不及早采取措施，而让西李借着这种抚养的名分，独断专行，那么西李的灾祸也就为期不远了。奏疏上去以后，西李还是没有移宫的意思。过了三天，给事中杨涟再次上疏，极力促使西李移宫。就这样在群臣的催促下，西李不得不搬出乾清宫，移居到仁寿宫，这就是"移宫案"。

西李移宫后，这时与东林党作对的官员又上书责备力促移宫的杨涟和左光斗，说西李是泰昌帝的遗爱，泰昌帝尸骨未寒，就对她限时驱逼，未免有些太过分了。这样，两派的官僚们围绕着移宫的是非展开了一场激烈的争吵。后来，新登基的天启皇帝传出一道谕旨，痛数了西李的几条罪状后，就下令叫西李搬出仁寿宫，到宫女养老的哕鸾宫去住。天启皇帝指责为西李说话的官员是"党庇"，这样以后，争吵才逐渐稍为缓和。

"三案"的争议，只不过是不同派系的官僚集团为了在最高统治阶层寻找自己的靠山，争取最高统治者的倚重和宠幸，谋求自身的权力和地位而进行的派系争斗。"三案"发生时，东林党在斗争中占了上风，到后来阉党专政时，"三案"又被彻底翻过去了，成了魏忠贤迫害东林党人的口实。

六、阉党专政

天启皇帝幼年丧母，由奶妈客氏抚养长大。他即位后就封客氏为"奉圣夫人"，同时提拔与客氏有暧昧关系的惜薪司太监李进忠做司礼监秉笔太监，并且让他恢复魏姓，赐名忠贤。

原来，魏忠贤是河北肃宁人，是个无所事事的二流子。因赌博输了钱，被债主逼得走投无路了，只好自施宫刑，改姓为李，易名进忠，混入宫中充当太监。后来和客氏勾搭上关系，得到了天启帝的宠幸和信任。

魏忠贤目不识丁，本不能当秉笔太监，因有客氏这个关系，才获得这一重要职位。当上秉笔太监后，他就利用王体乾和李永贞两个识字的太监为他效劳。魏忠贤生性猜忌、残忍、阴险、毒辣，和客氏狼狈为奸，宫中谁也不敢和他作对。王体乾虽是司礼监掌印太监，位在魏忠贤之上，也得服服帖帖地听从他使唤。后来，魏忠贤又兼管了东厂，权力更大，这时又加上有客氏做内援，权势日益显赫。

当时，朝中两大派官僚争斗日趋激烈，加上客氏的不断唆弄，天启帝渐渐由信任东林党那个派系的官僚变为对宦官近侍宠信。魏忠贤等人得到皇帝的信任后，乘机从中弄权，勾结外廷官僚，操纵了朝中的一切大权。这时，朝中那些和东林党作对的各派官员便纷纷投靠在魏忠贤门下，形成了一股强大的邪恶势力，人们称它为"阉党"。阉党得势后，做内阁首辅的东林党人叶向高就遭到了排斥和打击，被迫辞官了。这时阉党的顾秉谦升为首辅，控制了整个内阁。魏忠贤又和锦衣卫都督田尔耕勾结，利用东厂和锦衣卫这两个特务机构钳制百官，镇压异己。当时，朝中从内阁、六部到外地总督、巡抚等职位，都有魏忠贤的死党。

那时，天启帝年少，不爱过问朝政，却非常喜欢木工活儿。他常常自己动手，劈、锯、刨做些木工活儿，长年累月，毫不厌烦。魏忠贤一党就利用他的这个癖好，每逢天启帝正兴致勃勃地做他的木工活计时，就拿出一大堆奏章文件请他审批，或向他请示问题，故意惹得天启帝厌烦，等着天启帝不耐烦地说：我都知道了。你们拿下去，自己好好处理一下就行了。就这样，大权便落在魏忠贤的手里，使得他能在朝中作威作福，为所欲为。

有了大权的魏忠贤经常外出炫耀威风。每次出门，他都身坐装饰十分华丽的车子，羽盖和旌旗都用青蓝的色彩。驾车的四匹马，飞一般地在路上奔驰。那些身着锦衣玉带、脚蹬长筒皮靴、佩着利刃的卫士，护卫他左右一同飞跑，又加上随从的厨子和车夫等，总共得有几万人。所到之处，官员们都得伏道揖拜，一些逢迎拍马的官员甚至呼他为"九千岁"。朝中事无巨细，必须派人飞驰到魏忠贤面前请示，当时，朝廷上下，只知道有魏忠贤，却不知道有皇帝。

魏忠贤一人得道，鸡犬升天，他的弟侄亲朋，一个个都平步青云，高官厚禄。他的侄儿们都被封为公、侯、伯，而后又给加封为太师等职位。

阉党的胡作非为，也引起了朝中一些正直官员的愤慨，主要是东林党人为伸张正义而对他们进行揭发和斗争。天启四年（1624）的时候，副都御史杨涟上疏痛斥魏忠贤有二十四大罪状，大胆地揭发了魏忠贤的奸恶，深深地刺痛了他的要害。魏忠贤着了慌，向天启帝哭诉，客氏也从旁边为他辩护，王体乾这帮爪牙更是极力为他辩解。昏愚的天启帝竟偏信不疑，不但没有办魏忠贤的罪，反而下旨痛责杨涟。尽管这样，朝中还是有很多官员冒死上疏，弹劾他们。不过，由于天启帝的昏庸和魏忠贤他们势力过大，结果，魏忠贤还是逍遥法外，毫发未损，而那些揭发魏阉的官员中，为首的杨涟和左光斗却在那年的十月被罢官免职了。

魏忠贤遭受这番弹劾后，对东林党人更加切齿痛恨，决心赶尽杀绝。而附在魏忠贤门下的那些党羽也想借这个机会报复东林党人，发泄一下他们的旧恨。这时，阉党崔呈秀等一些人就在魏忠贤面前煽风点火，怂恿他镇压异党成员。这样，他们就阴谋编造黑名单，把那些不阿附魏忠贤的官员全部开列进去，统称他们是东林党人，对他们罗织罪名，逐一施行残酷的打击迫害。

　　这样，在天启五年（1625）的时候，终于兴起了一场大狱。首先逮捕了东林党的领袖杨涟和左光斗等七个人，诬陷他们收受贿赂，交给锦衣卫去进行拷打追赃。锦衣卫都督田尔耕对这七个人每隔几天就进行一次拷打逼供，杨涟他们最后不是被折磨死在狱中，就是被逼自杀了。

　　天启六年（1626），魏忠贤又捕杀了东林党的首领高攀龙等七个人。当时，就连早已病死的李三才也不能幸免，在阉党的操纵下，削除了他的官籍，又追夺回封诰。阉党肆意诬陷残害异己，凡是和自己有过仇隙的，都给加上个东林党人的头衔，重一点的就杀头，轻的也被充军或罢官。这样一来，东林党就成了一个十恶不赦的罪名，许多想往上爬的人，都拼命附和攻击，尽心卖力，以此来取悦魏忠贤。

　　魏忠贤在残酷镇压异党，排斥异己的同时，又给泰昌帝时发生的"梃击案""红丸案"和"移宫案"三案重定是非。凡在三案发生时与阉党官僚争论是非的官员都惨遭迫害。在"梃击案"中对张差疯癫质疑的王之寀被投入监狱，把"红丸案"中被充军的李可灼给赦免，崔文升受到了重用，当上了漕运总督，选侍西李也被重新封为康妃。

　　为了压制舆论，魏忠贤又用剿灭东林党的名义，拆毁全国所有地方的书院，禁止讲学，压制在野的东林党人和士大夫知识分子对时政的议论。

　　魏忠贤在镇压了大批反对派之后，趾高气扬，更加专权腐化了。他们的党羽对魏忠贤极尽阿谀奉承之能事，整天肉麻地吹捧他，毫不顾羞耻。他们在奏疏中凡提到魏忠贤的地方都称为"厂臣"，而不是直书他的名字。有时，内阁在草拟圣旨时，竟然用"朕与厂臣"联名并称。天启六年（1626），浙江巡抚潘汝桢在西湖那里给魏忠贤建了座生祠，从此，各地方的官吏都寡廉鲜耻地争相效仿，几年之间，为魏忠贤建立的生祠遍天下。而每建一座生祠，多的共费白银几十万两，少的也要花几万两，这些银子全是搜刮来的民脂民膏。阉党为了在开封给魏忠贤建生祠，竟然拆毁2000多间民房，建立起的生祠，跟皇宫一样华丽辉煌。有些官员在迎魏忠贤塑像进生祠时，行五拜三叩头的大礼，不但如此，他们还强迫百姓尊奉魏忠贤，凡是入祠不参拜的人，都会被处以死刑。

天启帝做了七年皇帝就病死了。天启帝死后，阉党失去了靠山，东林党人就纷纷上疏弹劾。继承帝位的崇祯帝也明白阉党不得人心，想借这个机会，重振朝政，支撑住摇摇欲坠的王朝大厦，于是，就下令把魏忠贤谪凤阳，紧接着又派人去逮捕他回来治罪。魏忠贤听到讯息后，畏罪自杀了。魏忠贤的侄儿、侄孙还有和他狼狈为奸的客氏的亲戚也都被处死了。崇祯二年（1629），又把依附魏忠贤的阉党定为"逆党"，分别定了罪，同时又给遭受迫害的东林党人恢复了名誉。

第三章　袁崇焕戍边

一、胸怀大志

　　袁崇焕，字元素，号自如，生于明末万历十二年（1584），广东省东莞县人。少年时生活在广西藤县的白马圩（莲塘村）。祖父袁世祥，父亲袁子鹏，两个弟弟分别叫崇灿、崇煜。另外，和他们一起生活的还有一个堂兄崇茂，是由他父亲抚养成人的。袁崇焕的家庭是一个产业不多的读书之家，除读书求仕之外，别无他业从事，大抵相当于中小地主一类。

　　边患严重、国家多事的时代和民俗尚武的生活环境，对袁崇焕有很大的影响。在青少年时期，他就胸怀大志，立志要激浊扬清、报效祖国、安定边疆、澄清天下。因此，他除了用功读书、熟习诗文以外，还特别留意边防、学习兵法。

　　袁崇焕十分喜爱于谦的诗，他们都是意气轩昂、文武兼习、准备报国安业、有所作为的大丈夫，绝不愿做酸腐无用的儒生。因为受同样的时代与生活环境的影响，袁崇焕的弟弟袁崇煜也是一个慷慨知兵、擅长武艺之人。"磊落丈夫谁好剑？牢骚男子尔能兵！才堪逐电三躯捷，身上飞鹏一羽轻。"可见袁崇煜襟怀磊落，忧国忧民，身手矫健，武艺过人。此外，做堂乐府推官的堂叔袁玉佩、做蓟镇督粮推官的亲戚林翔凤也都懂得军事或者擅长武艺。另外，他的师友中也有不少热心国事、有文才武略的人，有的还是沙场老将。这些人与袁崇焕志同道合，相互影响，同气相求。袁崇焕兄弟俩还十分留意寻找英雄人物，与他们结为知己，以便将来报效国家。他们交往的人很多，其中有武举、典史，也有平民百姓。他们中不少人后来随袁崇焕一起走上辽东前线，抵抗金兵的进攻，立下过汗马功劳。从上述情况来看，袁崇焕在年轻的时候，就有卫国安边的远大抱负，并且为了实现这种抱负做了相应的充分准备，这样在一定程度上奠定了他后来建功立业的基础。

　　袁崇焕14岁的时候，在藤县应考进学，23岁中举，36岁考中进士。中进士时的座师是韩爌。韩爌是东林党著名领袖之一，曾做过泰昌、天启、崇祯三朝的大学士、首辅，思宗认为他"清忠有执"，曾予以表扬。袁崇焕和韩爌建立师生关系以后，就和东林党有了密切的联系，并把自己的命运和东林党联结在一起。而且不论从政治观点、师友渊源、平生交谊哪一方面，他都可以被视为东林党的一员。不过，因为他长期驻守边疆，和朝廷诸位大臣的交往、过节极少，加之他劳苦功高，边境情势紧急，阉党暂时还不敢加以打击，或者还欲加以利用，故没有将他列入东林名单。袁崇焕曾经在自己的诗中表达他对阉党的深恶痛绝、义愤填膺，对东林推崇备至，引为同调。并把自己未被列入东林名单，不得与诸东林正义之士共传千古视为平生憾事。袁崇焕与东林党人志同道合，荣辱相关，于此可见。

袁崇焕从小便养成了俭朴的生活习惯，并且看到了一些民生疾苦。再加上他的堂叔袁玉佩在粤林做官，亲戚林翔凤在蓟州做官，二人都以"廉洁"见称，也在一定程度上影响着他。这与袁崇焕踏入仕途以后能够保持廉洁的作风，并且对穷苦人民给予帮助有密切关系。

二、初露锋芒

万历四十七年（1619），35岁的袁崇焕第二次进京会试，考中进士第三甲第四十名。从此，袁崇焕踏入了仕途。踏入仕途的袁崇焕最初在工部任职，不久便被派到福建省邵武县做知县。他的《初至邵武》诗中认为要当好知县这一亲民之官，受任之初就该谨慎从事。他要轻刑简政，做好征收钱谷、安抚百姓两件大事，闲暇时读诗文书赋以开阔视野，或放松身心。

袁崇焕在任职邵武知县期间，因为既有才干又有操守，所以治县成绩卓著。《白冤疏》中说他自从身为县令到官至大将，一贯是"恤贫扶弱""加意寒生""恩施井邑"。《乾隆邵武府志》说他"明决有胆略，尽心民事，冤抑无不伸"，又"矫健有力，尝出救火，着靴上墙屋，如履平地"。这些记载说明这位父母官有胆有识，有极高的判断能力和工作成绩，同时又能全心全意为民众办事，为百姓申冤理屈。尤其是他能急人之难，见义勇为，亲自上屋救火也不怕有失官颜就更为难能可贵。这在当时的官场中是极为罕见的。至于"着靴上墙屋，如履平地"则更见他身轻如燕，武艺不凡。此等文武兼得的人才，确是凤毛麟角，实为人中龙凤，世所少有，况于江河日下之明王朝，天灾人祸不断、国家多事、边患严重之时，袁崇焕的出现于国于民实在是一大幸事。

最让人折服的是袁崇焕的操守：他在邵武任知县期间，上不贿赂大吏，下不欺压小民，真正做到"一钱不入"。后来，他做监军时，曾对熹宗说："臣自为令至今，未尝余一钱以负陛下。"他在生活方面也自始至终是"第宅肃然，衣食如故"。他为官以后一直"家亦无余资"，至"死之日所没者皆同产崇灿子兆基与弟崇煜及祖产"。可以说袁崇焕的一生颇知人间甘苦，故他才能够在当时明王朝吏治败坏、国患日益严重的情况下出淤泥而不染，成为佼然出群的人物。这也正是后来魏忠贤阉党专权，他从不趋炎附势，不与那些腐败官僚同流合污，在辽东前线能与士卒同甘共苦，共历风霜雪雨、出生入死，为边防大业做出贡献的思想基础。

明王朝自丧失抚顺、清河之后大为恐慌，赶紧从各地调集兵马，任命兵部侍郎杨镐为辽东经略，以总兵李如柏、刘綎、杜松、马林分东南西北四路，领兵20万，加之叶赫、朝鲜援军数万，号称47万大军，企图合围赫图阿拉，彻底摧毁后金势力。不料明军的作战计划和出兵日期事先被泄露了，对方早已有了相应的准备。努尔哈赤采取集中兵力各个击破的战术，以少胜多，明军大溃。这就是前面讲到的萨尔浒大战。萨尔浒战役充分暴露了朝廷和明军的腐败，也给明朝的有识之士敲响了警钟。从此以后，明朝在对后金的战争中就一直处于防御的地位，而后金对明的战争则成为攻掠性的战争了。

袁崇焕开始做邵武知县的时候，正值杨镐所率之师萨尔浒惨败之后，辽东形势岌岌可危。深具报国壮志，认为大丈夫应先天下之忧的他，绝不以做一个一尘不染、超凡脱俗、节操罕有的廉吏为满足。事实上，他从未曾有一刻忘怀边疆之事。通过与一些曾经卫戍过辽东的退伍兵士谈论，他对辽东等地的地理、人情有了相当的了解。他自认为有领兵打仗的才能，向往着有朝一日投笔从戎，立功报国于千里之外。

萨尔浒大战之后，后金乘胜占领了开原和铁岭，明朝的辽东防线被冲破。明万历皇帝急忙派善于用兵的熊廷弼做辽东经略。熊廷弼根据双方的兵力情况，决定以守为主，修筑城池，充实军备，安抚军民。经过一番整顿，朝夕不保的辽东，形势有了好转。可是，朝廷里的一部分官僚，不顾国事的安危，从派别私利出发，攻击熊廷弼没有主动出击，终于迫使他辞职。刚刚变好的辽东形势又扑朔迷离起来。

万历四十八年（1620）七月，万历皇帝驾崩，短命的泰昌帝才做了一个月的皇帝就去世了。年幼的朱由校被扶上皇位，称为熹宗，改国号为天启。天启元年（1621），后金努尔哈赤趁明朝易主之隙，连连发动攻势。三月，在内奸策应下，接连攻克名城沈阳、辽阳。明军新任辽东经略袁应泰，在军事上是个外行，后金占领辽阳后他计无所出，自焚而死。金军继续前进，将辽河以东大小七十多座城池悉数占领，基本控制了辽河以东地区。为了巩固其辽东的统治，并继续西进，后金把都城由赫图阿拉迁至辽阳，后来又迁到沈阳。

辽东失守，明朝朝廷不得已又让熊廷弼复职，但是没有给他统一指挥关外军事的实权。他只带领五千名士兵驻守在山海关，关外的十四万军队却由在广宁的广宁巡抚王化贞来指挥。王化贞狂妄自大而实际上却不懂军事，他反对熊廷弼提出的以守为主的方针，主张冒险进攻，想侥幸获得胜利来为自己谋取更大的权位和爵禄，他几次出兵击金，都吃了败仗而返。天启二年（1622）正月，后金军渡过辽河，攻占西平堡。接着，后金又在内奸孙得功的策应下，不战而取广宁。掌握军事实权的王化贞在金兵未到之时就弃城逃走，一直逃入山海关。熊廷弼感到无力挽回既成的局势，就以他的五千名士兵做后卫，保护着逃难的百姓退入山海关。至此关外尽失。山海关受到严重威胁，明朝朝野万分惊慌，忙着讨论如何守关。

这时，袁崇焕正在北京参加地方官吏的考核。他看到国家情势危急，心里十分着急，整日忧心忡忡。等到官吏考核结束，袁崇焕被列入上等，他的声誉更高。此时正是东林党人执掌政权的时候，东林党人御史侯恂慧眼识英雄，上疏说："广宁不守则山海关震撼，山海关不固则京师动摇。现在保卫山海关，就是保卫京师的门户。戡祸定乱必须借助于谋臣猛将。目前在京朝觐的邵武知县袁崇焕，英风伟略，不妨破格留用。"于是天启二年（1622）二月，袁崇焕被授予兵部职方司主事。这一年他38岁。

三、监军关外

然而一心渴望着立功封疆的袁崇焕，对兵部这一远离前线的职务仍觉不合心意。面对山海关危急的形势，明朝廷有的主张改派能将抵抗，收复失地，更多的人是面面相觑，拿不出主意来，积极请缨的袁崇焕反倒没动声色。他虽然在北上之前已对如何抗击后金形成了自己的方案，但是，那终究是纸上谈兵。山海关内外到底是什么样子，后金军的战斗力究竟如何，他还没有亲眼见过。按自己的方案能否击退敌军，也没有把握。为了确实做到知己知彼，他决心深入前线进行调查研究。为了能够成行，他乘朝廷上下乱哄哄之机，既不跟同事们打招呼，也没有向家里人关照一声，独自骑上一匹马，悄悄出了北京城，向山海关飞驰而去。一路上，他认真地考察了关内外的地形、地势和明、金两军的行营、布阵，并和许多曾经和后金作过战的明军将士进行了详细的交谈，了解到了许多情况。经过此番调查，袁崇焕对战胜后金已经胸有成竹了。

新上任的兵部袁主事忽然不见了，一连数天杳无音信，使大家十分惊讶。正当人们猜疑不定之时，袁崇焕回到了北京。他立即向明熹宗报告了当时关外的形势，然后毛遂自荐说："只要给我足够的兵马钱粮，我一个人就能把关外的御敌责任承担起来。"在明军连告败绩，满朝文武正因广宁之败而一筹莫展、谈虎色变，唯恐榆关难保的时候，袁崇焕挺身而出。袁崇焕的这番言行确实需要有非凡的胆识和勇气。了解袁崇焕的称赞他才堪重任，怀疑袁崇焕的人也落得顺水推舟。

天启二年（1622）二月，兵部给事中蔡思允上疏曰："山海一关，只有残兵五万，皆敝衣垢面，一带城垣，低薄塌圯。溃卒、难民聚集此如斗之城，互煽互惊，立见乌合兽散之势。"为了整顿榆关防务，他说："访得原任辽东兵备阎鸣泰、新升兵部主事袁崇焕，皆饶有才略，宜勒令分任榆关。"但是，昏庸的明熹宗还是不愿重用袁崇焕，只是授了他一个山东按察司佥事（军事巡查官），去山海关监军。

从偏僻八闽之区的七品知县，未经两个月，即升为五品佥事，这一提拔实属破格，但更令袁崇焕兴奋的是，他那马革裹尸、燕然勒铭的壮志能够得以实现了。他在《擢佥事监军奏方略疏》中，对朝廷保证道"誓不以身蒙速进之耻"，"不但巩山海，即已失之封疆，行将复之"。他说："谋定而战，臣有微长也。"在做了佥事监军以后，袁崇焕上疏陈奏方略，请征调军队，重新组织抗金力量。朝廷就发出 20 万两银子，令他招募散兵。临出发前，他特地去拜见了自己敬佩的现"乞罢"在京候审的前辽东经略熊廷弼，向他请教辽东边防形势和作战方略。见面之初，熊廷弼问他此去用何办法对付金人，袁崇焕回答道："我主张守而后战。"熊廷弼欢喜得跳了起来，认为和自己"坚守渐逼"的主张不谋而合，就替他画了详细的军用地图，把辽东到宣府的要隘都画了出来，并且注明戍守的先后及注意事项。两人志趣相投，相见恨晚，商讨军情直至深夜，袁崇焕才辞别出来。谁知这一别竟成了两位英雄的永别。

之后不久，熊廷弼就被逮捕。过了半年，到天启二年（1622）八月，被魏忠贤等一意诬害而被冤杀，首级竟被传送到沿边的九个军区示众。当时，袁崇焕已经到了关外，看到他的遗容，见他须眉欲动，面色如生，不觉想起他往日的音容笑貌和深情厚谊，感到悲怆欲绝。于是他在深夜背人私祭、失声痛哭。又写下《哭熊经略二首》，回忆这次会面的经历，赞颂熊廷弼的文才武略，斥责阉党的滔天罪行，语多愤激，极为沉痛。如：记得相逢一笑迎，亲承指授夜谈兵。才兼文武无余子，功到雄奇即罪名！太息弓藏狗又烹，狐悲兔死最关情。家贫罄尽身难赎，"贿赂公行"杀有名！

熊廷弼和袁崇焕一个主张"坚守渐逼"，一个主张"守而后战"，都在战略思想上强调一个"守"字，真可谓英雄所见略同。那么，为什么那个时代明朝要在战略上采取守势呢？因为当时除了战争的正义性在明朝这方面以外，其余在决定战争胜负的诸种因素方面，后金都占着一定的优势。具体地说，明朝虽大实弱，后金虽小实强。在集中作战的兵力、部队的战斗力量、正常的指挥关系、必要的财力支援等方面，明军都处于不利地位。加上明朝政治腐败、经济衰敝等不利因素，这就决定了明朝在一定时期内只能采取守势，不能采取攻势，这一点至关重要。这是熊廷弼、袁崇焕经过深入调查研究，对双方力量对比有清醒认识，做到知己知彼，同时又经过深思熟虑，认真总结过去多次丧师失地的血的教训之后得出的正确结论。在此以前，或者以后，凡是违反这一战略思想，贸然发动进攻，希图速胜的无不遭到惨败。因此，这种战略防御思想是当时唯一正确的战争指导思想。袁崇焕出关以前在熊廷弼的帮助下，确立并坚信这种指导思想能使自己立于不败之地，而为后来取得宁锦保卫战的胜利打下了基础。

天启二年（1622）二月，袁崇焕走向边关，开始了戎马生涯。这时，他39岁。袁崇焕受任于败军之际，奉命于危难之间，弃文从武，担任边防重任。这一重任，别人避之唯恐不及，他却主动承担，这是要冒极大的风险，要有极大的勇气的。因为战争中到处都有危险，更何况当时形势紧张，危险既来自刀光剑影的前线，也来自剑拔弩张的后方，既有对外的军事斗争，又有对内的政治斗争。两种斗争，交错在一起，形势就更加险恶。

本来，按明代的法律，官员凡是贪赃枉法或封疆失事都要受到严厉的惩罚，常常遭到杀身之祸。而自万历中期以后，朝廷党争愈演愈烈，斗争双方往往不择手段。贪赃纳贿和封疆失事当然也可以作为党争的工具，其后果之严重可想而知。熊廷弼后来被列入"封疆重案"，又被栽赃，罪及妻子，一家都成为党争的牺牲品就是明证。袁崇焕偏偏在这危险关头主动请缨，慨然承担边防重任，而且出关之前还不避嫌疑，在熊廷弼革职听勘之时前去拜访，真是冒天下之大不韪，这就非要有极大的勇气不可。

天启二年（1622）二月，袁崇焕到职以后，起初驻守在山海关内，受巡视边疆的兵部尚书张鹤鸣节制。三月以后，受新任辽东经略王在晋的领导。王在晋是一个不知军事、怯敌惧败，却又刚愎自用的家伙。王在晋命他移驻中前所，做参将周守廉、游击左辅的监军，并且管理前屯卫的事务。袁崇焕一出关就烧了三把火，公开声明：我不惜命。为此，袁崇焕深得王在晋的倚重。第一把火：由于军令不严，一部分兵士酝酿结阵而逃，王在晋令袁崇焕查问，他亲自追截，立斩数人乃定。第二把火：当时明军仅驻榆关，前屯卫城屯不完，居舍未备，甲仗全无，粮草不继，十分艰难。王在晋令袁崇焕赴前屯卫安置辽东失业的难民。袁崇焕奉令之后当夜出发，在荆棘丛生、虎豹出没的荒野里徒步前行，直到四更时才进城，将士没有不佩服他的胆量的。他还主动要求领兵镇守前屯卫。第三把火：天启二年（1622）八月，蒙古察哈尔部首领归顺臣服，阎鸣泰与袁崇焕受命出关歃盟，出色地完成了任务。

王在晋对袁崇焕的评价是：其人有魄力、有大志，胸怀坦白，心地光明，迥迥出群。提请任命他做宁（远）前（屯卫）兵备佥事。但是王在晋缺乏军事上的远见，袁崇焕对他只求守关、不图恢复疆土的策略十分不以为然，二人意见不合。特别是在八里铺加筑一道关城的问题上，双方发生了争执。原来在广宁失败以后，如何巩固边防，防止金兵进一步骚扰，是当时朝野一致关心的问题，曾经反复争论。大体上有守关内和守关外两种主张。负辽东直接军事责任的王在晋主张守关内。他深恐关外守不住，会因此获罪，命之难保，就主张缩短防线，放弃关外，在靠近山海关的八里铺加筑一重关城，设置重兵驻守，并美其名曰："重关设险，卫山海以卫京师。"这是一种消极退避、单纯防御的主张。袁崇焕和另外一些下级军官坚决反对此种做法。他们主张"捍关外以守关内"，并且主张守离山海关较远的宁远。原因如下：（一）疆土不可随便放弃。（二）守卫宁远进可以据广宁，退也不失为山海关的屏障，守住宁远，就保住了通往山海关的咽喉。从宁远一带的地形来看，北面是山，南面为海，宽不过四十里，可以使用伏兵袭击敌人。如果敌人攻宁远不下，越过宁远前进，那么在山海关到宁远的狭长地带中很容易被切断归路。敌人如果胆敢直抵关门，那么，前有坚城，后有劲兵，更容易被消灭。与此同时，宁远可以和它以南二十里海中的觉华岛互为掎角。敌人攻宁远，就可以用岛上的兵袭击敌人的后方三岔河一带，以为牵制。宁远所需的军需品，也可以由海道运到觉华岛，把觉华岛作为一个补给基地。岛上的水师又可以和山东、辽东沿海一带通声气，一有机会就可互相配合袭击敌人。这是水陆联合、可攻可守的作战方略。在当时明朝水师占优势的情况下，此种布防十分有道理。同时，宁远距离十三山不过二百里，还可以就近把前次战役失败后逃到十三山的难民十万人救出来，这也是很重要的一件事。可是王在晋不同意袁崇焕的这种主张。因为此事关系到明边防得失之大要，袁崇焕在几次力争不得以后，就向东林党魁首叶向高申述，并自告奋勇，表示情愿去守宁远。叶向高一时不能做出决定——这不能凭想当然做决定。这时同为阁臣的孙承宗自请巡边，亲往裁决。

孙承宗，字稚绳，万历三十二年（1604）考中进士。天启初曾充当熹宗的讲官。广宁溃败后，擢为兵部尚书兼东阁大学士。孙承宗亲自勘察了关外的山川关隘，认为宁远的形势是包山阻海，"天设重关，以护神京，必不可不守"，驳斥了筑镇八里铺的种种理由，接着，孙承宗召集众将讨论战守："阎鸣泰主觉华（今菊花岛），崇焕主宁远（今兴城）；在晋及张应吾、邢慎言持不可。"在意见纷纭的情况下，他宣布休会，后经勘察，下令以袁崇焕守宁远的建议为决议。袁崇焕的正确主张初步得到了采纳。

天启二年（1622）七月，孙承宗结束了对辽东的勘察回到北京，上疏批评王在晋不足任，极力荐举袁崇焕。熹宗批准孙承宗"以原官（兵部尚书）督理辽东、蓟镇、天津、登莱等处军务"。王在晋走了，孙承宗到职。原任山石道的阎鸣泰升任辽东巡抚。袁崇焕改任山石道，驻守宁远，孙承宗格外信任他。从此，袁崇焕就独主一方，有了放开手脚、施展才略的用武之地。

　　在孙承宗的领导下，袁崇焕充分地发挥了才能。天启三年（1623），
孙承宗派袁崇焕与副将满桂驻守宁远，以贯彻守宁远以保卫山海关的计
划。

第四章　血战宁远

一、营建宁远

孙承宗一到任，就把防务部署得井然有序。当时辽东巡抚阎鸣泰主张守关内，与孙承宗意见相左。朝廷以张凤翼代阎鸣泰为辽东巡抚。孙承宗坚持守关外，于天启三年（1623）九月初八，出山海关东巡，达于宁远以东。他奏报道："若失辽左，必不能守榆关；失觉华、宁远，必不能守辽左。"孙承宗的战略意图是，山海关外以宁远为重点，将沿线原有各城都恢复起来，派驻军队，层层设防。因而把山海关至宁远200里之间的镇堡收为内镇，建成关宁防线。对于山海关的防御，具有战略意义的是，孙承宗与袁崇焕布置了一条把山海关—宁远联结成一体的关宁防线。

天启三年（1623）春，袁崇焕受孙承宗命，往抚蒙古喀喇沁部。先是，明失广宁后，宁远以西五城七十二堡尽为喀喇沁诸部占据。明军前哨不出关外八里铺。袁崇焕亲抚喀喇沁诸部，收复自八里铺至宁远200里；又拊循军民，整治边备，成绩卓著。秋，孙承宗从袁崇焕议，排除巡抚张凤翼、佥事万有孚等力阻，决计戍守宁远。

宁远位于山海关外200里，居辽西走廊中部，在锦州与山海关之间，扼辽西走廊咽喉之地，三面环山，东临大海，扼边关锁钥。城外山海之间有一条通道，北达沈阳，南通榆关。宁远城以东有首山，首山与螺峰山相对，两山之间仅有百米宽的通道。海中有觉华岛（今菊花岛），可设舟师，囤贮粮秣。

在明朝前期，辽西军政重点为广宁；明朝后期失陷沈阳、辽阳、广宁，宁远处于关宁防线的先锋。后金攻破广宁后，山海关成为明朝阻挡后金进军的关门，宁远的战略地位尤为凸显。但此期明朝战略家们没有认识到宁远的重要战略地位。随着明朝与后金的形势变化，其重要地位才开始为具有远见卓识的战略家们所认识。袁崇焕首先发现宁远的战略价值，展现出其卓越的军事谋略。

孙承宗采纳袁崇焕议守御宁远，命游击祖大寿兴工营筑，袁崇焕与满桂驻守。但祖大寿臆度朝廷不能远守，便草率从事，工程颇为疏薄，仅筑十分之一。袁崇焕手订规制，亲自督责，军民合力，营筑宁远。他规定，城高三丈二尺，雉高六尺，址广三丈，上二丈四尺。祖大寿与参将高见、贺谦负责监督。

宁远城于天启四年（1624）完工，成为关外一座重镇。明朝关宁防线的后劲为山海关，前锋则为宁远城。孙承宗支持袁崇焕营筑宁远城，并部署防御兵力，标志着关宁防线的初建。后在构建关宁防线过程中，袁崇焕雷厉风行，纪律严明，发现一名校官虚报兵额，吞没粮饷，脾气发作，越权将其杀了。孙承宗大怒，袁崇焕叩头谢罪。

孙承宗、袁崇焕等为构筑关宁防线，采取诸多措施：一是修筑城堡，二是驻扎军队，三是召回辽人，四是垦荒屯田，五是贸易货物，六是抚绥蒙古。中前所兵民已近 5000 人，前屯军民有 6 万余人，中后所兵民不下万人。宁远兵民达 5 万余。总计已恢复五城十三堡，垦田 5000 余顷，兵民已达 10 余万。宁远经过袁崇焕亲率军民经营，由原先"城中郭外，一望丘墟"，极度荒凉凋敝，变为"商旅辐辏，流移骈集，远近望为乐土"。宁远成为明朝抵御后金南犯的关外重镇。明朝调集秦、晋、川、湖、齐、梁、燕、赵等军兵驻扎山海关，到天启五年（1625），已达官兵 117086 人，马 59500 匹。关外形势顿为改观。关宁防线，初步建成。

后金天命汗努尔哈赤与崇德帝皇太极，始终没能打破关宁防线。就是这道关宁防线，不仅保卫山海关免受攻击，而且在此后 20 年间，基本上稳定了辽西走廊的局势。袁崇焕在孙承宗支持下，为建立关宁防线发挥了重大的作用，建立了不朽的功勋。

孙承宗督师以来，为建关宁防线，定军制，建营垒，备火器，治军储，缮甲仗，筑炮台，买马匹，采木石，练骑卒，汰逃将，层层布置，节节安排。由此，辽东形势，为之一变。不久，袁崇焕晋升为兵备副使，又被吏部列为预储（后备）巡抚。

天启五年（1625）夏，孙承宗与袁崇焕计议，遣将分据锦州、松山、杏山、右屯及大、小凌河各城，修缮城郭，派军驻守。自宁远向前，推进200里，宁远则成为"内地"。宁远至山海关200里，宁远至锦州又200里，共为400里，形成了以宁远为中心的宁锦防御体系。

正当孙承宗与袁崇焕组建宁（远）锦（州）防线、进图恢复大计之际，朝中政局发生变化，阉党势力甚为猖獗。

明朝高层内部的党争，直接牵系着辽东的军事形势。魏忠贤自窃夺权柄之后，贬斥东林，控制阁部，提督东厂，广布特务，恣意拷掠，刀锯忠良，祸及封疆，败坏辽事。客、魏擅权，内结宫闱以图自固，外纳朝臣而施淫威。天启帝则成了他们的傀儡。他们恐妃嫔申白其罪孽，矫旨赐泰昌帝选侍赵氏自尽，幽禁并潜杀怀有身孕的天启帝裕妃张氏，设计堕皇后张氏胎，又杀冯嫔、禁成妃，以及谋害宫嫔冯贵人等，将天启帝妃嫔女侍尽为控制，以擅权柄，残害东林。他们为使"内外大权，一归忠贤"，安插率先附己的顾秉谦和魏广微等入阁，又将东林党的阁臣、六部卿贰以及科、道次第罢黜。

天启四年（1624）六月，正当孙承宗、袁崇焕营筑宁远、收复辽土的时候，副都御史杨涟劾魏忠贤罪疏奏上。阉党凶焰更嚣，中官聚围首辅叶向高府第。后逐吏部尚书赵南星等。东林党首辅叶向高、次辅韩爌等先后罢去，阉党顾秉谦、魏广微柄政。魏忠贤夺取了朝廷内外大权。

魏忠贤专权后，因孙承宗功高权重，德劭资深，声誉满朝野，欲使其附己，令刘应坤等申明意图，嘱送金银。孙承宗刚直不阿，拒之不纳。魏忠贤见孙承宗不附己，对他加以衔恨。孙承宗终被排挤去职，于天启五年（1625）十月回到高阳老家，在老家一待就是四年。

阉党分子高第继任为兵部尚书，经略辽东。从此辽东形势，急剧逆转。

明廷不信贤臣、廉臣、名臣、能臣孙承宗，而信任佞臣、懦臣、庸臣、昏臣高第，这就给努尔哈赤进攻宁远提供了机会。努尔哈赤探知明朝经略易人，便准备亲率大军，西渡辽河，进攻宁远。

二、独卧孤城

孙承宗去职后，高第取而代之，以兵部尚书经略蓟镇、辽东，驻山海关。高第，字登之，滦州人，万历十七年（1589）中进士，天启三年（1623）任兵部侍郎，四年致仕。他宦业不显，素不知兵，胆怯无能，以谄附阉党得受封疆重任。高第曾力扼孙承宗守关外以捍关内、先固守以图恢复的积极防御方略。他到达山海关之后，借柳河兵败为由，下檄山海总兵马世龙，令弃关外城堡，尽撤关外戍兵。经略高第的守关方略是：枢辅抚镇，"各率重兵驻关，共图防守之策"。就是弃守关外疆土，退保山海关。高第采取的是不谋进取、只图守关的消极防御策略。

一些官员对高第的盲目撤退不满，纷纷上书抗争。管锦右粮屯通判金启倧呈照："锦、右、大凌三城，皆前锋要地。倘收兵退，既安之民庶复罹播迁，已得之封疆再沦没，关内外堪几次退守耶？"袁崇焕力争：兵不可撤，城不可弃，民不可移，田不可荒。他引据金启倧的《呈照》，向辽东经略高第具揭道：

兵法有进无退，锦、右一带，既安设兵将，藏卸粮料，部署厅官，安有不守而撤之万无是理。脱一动移，示敌以弱，非但东奴，即西虏亦轻中国。前柳河之失，皆缘若辈贪功，自为送死。乃因此而撤城堡、动居民，锦、右摇动，宁、前震惊，关门失障，非本道之所敢任者矣。

袁崇焕在揭言中坚信：锦州、右屯、大凌河"三城屹立，死守不移，且守且前，恢复可必"。就是说坚决防守，边守边进，已失土地，必定恢复。

经略高第凭借御"赐尚方剑、坐蟒、玉带"的势焰，又有阉党做后台，不但执意要撤锦州、右屯、大凌河三城，而且传檄撤宁（远）前（屯）路防备。宁前道袁崇焕决心身卧宁远，保卫孤城，他斩钉截铁地表示：宁前道当与宁、前为存亡！如撤宁、前兵，宁前道必不入，独卧孤城，以当虏耳！

袁崇焕只是一个"宁前道"的小官，朝中没有后台，居然敢于违抗兵部尚书、蓟辽经略高第的旨意，实属大胆，难能可贵！

高第无可奈何，只撤锦州、右屯、大凌河及松山、杏山、塔山守具，尽驱屯兵、屯民入关，抛弃粮谷十余万石。这次不战而退，闹得军心不振，民怨沸腾，背井离乡，死尸塞路，哭声震野。

宁前道袁崇焕既得不到兵部尚书、蓟辽经略高第的支持，又失去其座师大学士韩爌和师长大学士孙承宗的援助，在关外城堡撤防、兵民入关的极为不利情势下，率领一万余名官兵孤守宁远，以抵御后金军的进犯。

天命汗努尔哈赤在占领广宁后的四年间，做了一件大事，就是迁都沈阳。天启五年（1625），努尔哈赤将都城由辽阳迁到沈阳。后金都城的西移，表明努尔哈赤要进一步巩固在辽沈地区的统治，进而对明朝做出更大的举动。但是，天命汗虽派兵攻夺旅顺，并未大举进攻明朝。这固然因天命汗忙于巩固其对辽沈地区的治理——整顿内部，移民运粮，训练军队，发展生产，施行社会改革，镇压汉民反抗。同时，更由于孙承宗、袁崇焕等防务工作井然有序，无懈可击，努尔哈赤没有太大把握，不敢轻举妄动。因此，努尔哈赤蛰伏不动，等待时机。善于待机而动的努尔哈赤，曾值熊廷弼下台之机，夺占沈、辽，这次又得到孙承宗罢去、高第撤军向关内、宁远孤守的哨报，决定兵锋直指宁远城。正处于事业顶峰的天命汗努尔哈赤，要向一位疆场新手、文弱书生、孤城无援、年轻气盛的宁前道袁崇焕，发动一场倾国之师的军事进攻。后金军要大举渡河的军情被明军探得。天启六年（1626）正月初六，经略高第奏报："奴贼希觊右屯粮食，约于正月十五前后渡河。"果然，后金大军渡辽河，向西扑来。此后，初十，努尔哈赤从十方堡出边，前至广宁附近地方打围。十二日，回到沈阳。努尔哈赤当即吩咐各牛录并降将，每官预备牛车 30 辆、爬犁 30 张，每人要靰鞡 3 双，还要各炒米 3 斗，也就是要官兵预备牛车、爬犁、鞋子、干粮等。他做好准备，便率师出征。

正月十四，天命汗努尔哈赤亲率诸王大臣，统领 6 万大军，号称 20 万，往攻宁远。十七日，西渡辽河。八旗军布满辽西平原，清官书称其"前后络绎，首尾莫测，旌旗如潮，剑戟似林。八旗劲旅，雄伟壮观，军容强盛，扑向宁远"。

后金兵渡辽河，警报驰传明朝，举国汹汹，人心惶惶。兵部尚书王永光"集廷臣议战守，无善策"。明经略高第和总兵杨麒，闻警丧胆，计无所出，龟缩山海关，拥兵不救。道臣刘诏等要统兵2000出关应援，高第令已发出的兵马撤回；李卑援兵蜷缩在中后所，李平胡的援兵不满700人，又退到中前所。所以在宁远紧急关头，"关门援兵，并无一至"。袁崇焕既后无援军，又前临强敌：八旗军连陷右屯、大凌河、锦州、小凌河、松山、杏山、塔山、连山八座城堡。原驻守军都早已撤到关内，后金兵如入无人之境，未遇抵抗，直奔宁远。

袁崇焕驻守孤城宁远，城中士卒不满两万人。但城中兵民，"死中求生，必生无死"，誓与城共存亡。他面临紧急态势，上奏疏，表决心："本道身在前冲，奋其智力，自料可以当奴。"他采纳诸将的议请，做了如下守城准备：

第一，制定兵略，凭城固守。宁远战前，彼己态势，强弱悬殊。袁崇焕前临强敌，后无援兵，西翼蒙古不力，东翼朝鲜无助，关外辽西，宁远孤城，只有扬长避短，凭坚城以固守。他尝言："守为正著，战为奇著，款为旁著。以实不以虚，以渐不以骤。"他汲取抚（顺）、清（河）、开（原）、铁（岭）、沈（阳）、辽（阳）、西（平）、广（宁）失守的惨痛教训，不出城外野战，决意凭城坚守，拼死固守。敌诱不出城，敌激不出战。袁崇焕守卫宁远的要略是：孤守、死守、固守。

第二，激励士气，划地分守。袁崇焕偕总兵满桂，副将左辅、朱梅，参将祖大寿，守备何可纲，通判金启倧等，集将士誓死守御宁远。他"刺血为书，激以忠义，为之下拜，将士咸请效死"。又部署官兵，分城防守，划定责任：总兵满桂守东面，副将左辅守西面，参将祖大寿守南面，副总兵朱梅守北面；满桂提督全城，分将划守，相互援应。袁崇焕则坐镇于城中鼓楼，统率全局，督军固守。

第三，修台护铳，布设大炮。袁崇焕在宁远城上，实施"以台护铳，以铳护城，以城护民"的部署。他在宁远城设置了红夷大炮（红衣大炮）即西洋大炮。红夷大炮为葡萄牙制造的早期加农炮，具有炮身长、管壁厚、射程远、威力大的特点，是击杀密集骑兵的强力火炮。先是从澳门先后购进红夷大炮4门，又购进26门，共30门，其中留都城18门，炸毁1门，解往山海关11门。敌兵逼临，袁崇焕采用茅元仪、王喇嘛等建议，将西洋大炮11门入城，制作炮车，挽设城上，备足弹药，训练炮手。由在京营中受过葡萄牙人训练的孙元化、彭簪古等官员，培训炮手，加以使用。这11门西洋大炮架设在宁远城上，成为袁崇焕凭城用炮退敌的最新式的强大武器。

第四，坚壁清野，严防奸细。袁崇焕令尽焚城外房舍、积刍，转移城厢商民入城，转运粮料藏觉华岛。又以同知程维楧率员稽查奸细，"纵街民搜奸细，片时而尽"；派诸生巡守街巷路口。在宁远城中，没有"叛夷"，也没有奸细。之前在辽东的诸城——抚顺、清河、开原、铁岭、沈阳、辽阳、广宁，都是由于"内应外合"才失陷的，而"宁远独无夺门之叛民，内应之奸细"。

第五，兵民联防，送食运弹。袁崇焕令通判金启倧按城四隅编派民夫，供给守城将士饮食。又派卫官裴国珍带领城内商民运矢石，送弹药。在宁远城的防卫过程中，袁崇焕能军民一体，相互合作，同命运，共生死，整个宁远军民同心同力，共同守卫宁远城、抗御后金进犯。

第六，整肃军纪，以静待动。袁崇焕严明军纪，派官员巡视全城，命对官兵乱自行动和城上兵下城者即杀。官兵上下，一心守城，"以必一之法，则心无不一，此则崇焕励将士死守之法。其所以完城者，亦在此"。他又从后金细作处，获取谍报。一切准备就绪之后，偃旗息鼓，以静待敌。

第七，重金赏勇，鼓励士气。他一向重视对官兵的奖赏，特别在战况紧急之时，命取库银11100余两，放在城上。袁崇焕宣布：官兵有能中敌与不避艰险者，即时赏银一锭，奖励勇敢退敌者。

第八，防止逃兵，预先布置。他下令前屯守将赵率教、山海关守将杨麒，凡是宁远有兵将逃向前屯、山海关，抓住斩首，以肃军纪。当时，山海关由辽东经略高第镇守，山海关总兵杨麒也是不归他管。他的职权本来只能管到宁远和前屯。军情紧急，他就越权。

袁崇焕在紧张而有序地防御宁远，天命汗则在驱骑急驰而整肃地奔向宁远——一场大战迫在眉睫。

三、宁远大捷

天启六年（1626）正月，努尔哈赤以倾国之师十三万人大举渡过辽河，向宁远进攻。那时候，袁崇焕部下只有一万多人，仅及金军的十分之一，关外人心惶惶。明朝政府接到警报以后，召集群臣，商议战守事宜，大家却都想不出一个好办法来，众人皆认为宁远城绝对是守不住了。经略高第和总兵杨麒都带着兵将守在山海关，不敢发兵救应。

努尔哈赤带兵越过宁远城，在通往山海关的大路上扎营，截断明军的退路，将宁远围得水泄不通。努尔哈赤派人向袁崇焕劝降说："我带了三十万大军，来攻宁远，把城拿下来是绝不成问题的。你们如果来降，就给你们大官做。"袁崇焕早已下定与城共存亡的决心，毫不动摇地回答说："你们无故向我们进攻，是什么道理！宁远城是我们的地方，既经我们修复之后，当然应该死守，岂有不战而降之理！"接着又说："你们所谓三十万大军，实际不过十二三万，我们也不会比你们少！"

这表现出威武不屈的大丈夫气概。为了激励士气，袁崇焕同总兵满桂，副将左辅、朱梅，参将祖大寿，守备何可纲，通判金启倧等召集将士，誓死守城。并派满桂守东面，左辅守西面，祖大寿守南面，朱梅守北面，分区划守，相互支援，满桂还负责提督全城。他又亲自刺血写书，对将士下拜，还拿起一把草，放在嘴里咀嚼，并且吞咽下去，对众人说："如能同心死守，我愿意来生变作牛羊，报答大家。"众将士一向爱戴这位同士卒共甘苦的监军，读了满纸忠愤的血书，眼见袁崇焕吃草的行动，都感动得流下泪来，纷纷向袁崇焕表示：愿意与君以死报国。于是袁崇焕留下自己的母亲和妻子，以示自己准备牺牲和抵抗到底的决心。

袁崇焕断然拒绝努尔哈赤诱降之后，命家人罗立等向城北后金军大营施放西洋大炮，"遂一炮歼虏数百"。后金军不敢留此驻营，将大营移到城西。努尔哈赤见袁崇焕既拒不投降，又发炮轰击大营，命准备战具，次日再攻城。

二十四日，后金兵推楯车，运钩梯，步骑蜂拥进攻，万矢齐射城上。在城堞上，箭镞如雨注。明军凭坚城护卫，既不怕城下骑兵猛冲，又能够躲避箭矢射击。后金集中兵力，攻打城西南角。左辅领兵坚守，祖大寿率军应援。明军用矢石、铁铳和西洋大炮下击。后金兵死伤累累，又移攻南城。后金军在城门角两台间火力薄弱处凿城。守城军"则门角两台，攒对横击"。明军以城护炮，以炮卫城。都司金书彭簪古指挥东、北二面大炮，罗立指挥西、南二面大炮，"从城上击，周而不停，每炮所中，糜烂可数里"。后金兵顶着炮火，用楯车撞城；冒着严寒，用大斧凿城。明军发矢镞，掷礌石，飞火球，投药罐；后金兵前仆后继，冒死不退，前锋挖凿冻土城，凿开高二丈余的大洞三四处，宁远城受到严重威胁。袁崇焕在危急关头，身先士卒，不幸负伤，"自裂战袍，裹左伤处，战益力；将卒愧，厉奋争先，相翼蔽城"。在城危之时，袁崇焕命官兵用芦花、棉被装裹火药，号"万人敌"，又以"缚柴烧油，并搀火药，用铁绳系下烧之"，并选 50 名健丁缒下，用棉花火药等物烧杀挖城墙的后金兵勇士——"火星所及，无不糜烂"。据明方塘报记载："贼遂凿城高二丈余者三四处，于是火毬、火把争乱发下，更以铁索垂火烧之，牌始焚，穴城之人始毙，贼稍却。而金通判手放大炮，竟以此殒。城下贼尸堆积。"这一天，后金军攻城，自清晨至深夜，尸积城下，几乎陷城。

二十五日，后金兵再倾力攻城。城上施放炮火，"炮过处，打死北骑无算"。后金兵惧怕利炮，畏葸不前。后金兵士一面抢走城下尸体，运到城西门外砖窑焚化，一面继续攻城。但攻不能克，乃下令收兵。后金军两日攻城，共折游击二员、备御二员、兵五百，攻具焚弃，丧失殆尽。努尔哈赤被迫停止攻城，退到西南侧离城五里的龙宫寺扎营。

二十六日，后金兵继续围城，明兵不断发射西洋大炮轰击。努尔哈赤无计可施，便改变进攻策略，命武讷格率军履冰渡海，进攻明军储存粮料基地觉华岛。

　　袁崇焕刚击退后金军进攻，派景松和马有功疾驰山海关，报告经略高第战况。高第派人急驰奏报朝廷："奴贼攻宁远，炮毙一大头目，用红布包裹，众贼抬去，放声大哭。分兵一支，攻觉华岛，焚掠粮货。"

　　明朝与后金的宁远之战，以明朝的胜利而结束。宁远大捷是明朝从抚顺失陷以来的第一个大胜仗，朝野欢欣鼓舞，扬眉吐气。宁远对于明朝有着特殊的地位与意义。宁远，为山海之藩篱，关京师之安危，系天下之存亡。与明相反，努尔哈赤原打算攻下宁远城，夺取山海关，不料败在袁崇焕手下。当时袁崇焕43岁，初历战阵；努尔哈赤已68岁，久戎沙场。努尔哈赤在宁远遭到用兵44年来最严重的惨败。

　　努尔哈赤虽在宁远城下失败，却将骑兵进攻的打击点由宁远城移向觉华岛。觉华岛成为宁远之战的分战场。

　　觉华岛悬于辽西海湾中，距岸18里，离宁远30里。明朝军用粮料，储之海岛，觉华岛成为明军的一个囤积粮料的基地。

　　努尔哈赤一向刚毅自恃，屡战屡胜，难以忍受宁远兵折之耻，誓以洗雪宁远兵败之辱。他决心以攻泄愤，以焚消恨，以胜掩败，以戮震威。

　　正月二十五日夜，后金一面派军队彻夜攻城，一面将主力转移到城西南五里龙宫寺一带扎营，准备登岛。

　　时值隆冬，海面冰封，从岸边履冰，可直达岛上。姚抚民等守军，为加强防御，沿岛凿开一道长达15里的冰濠，以阻挡后金骑兵的突入。

然而，天气严寒，冰濠凿开，穿而复合。姚抚民等率领官兵，日夜穿冰，很多士兵的手指都冻掉了。

二十六日，后金一面派少部分兵力继续攻打宁远城，一面命大部分骑兵突然进攻觉华岛。后金军由骁将武讷格率领蒙古骑兵及满洲骑兵，有数万人，由冰上驰攻觉华岛。明军凿冰 15 里为濠，列阵以车楯卫之。辰时，武讷格统领的后金骑兵，分列 12 队，武纳格居中，扑向位于岛"龙头"上的囤粮城。岛上明军，凿冰寒苦，既无盔甲、兵械，又只是水手，不能耐战，而且寡不敌众。不料大雪纷飞，冰濠重新冻合。后金骑兵，履冰驰进，从靰鞡口登岸，攻入囤粮城北门，猛烈厮杀，冲进城中。后金骑兵驰突乱斫，岛上水兵阵脚遂乱。后金军火焚城中囤积的粮料，浓烟蔽岛，火光冲天。然后转攻东山，万骑驰冲；巳时，并攻西山，一路涌杀。后金军的驰突攻杀，受到明守岛官兵的拼死抵抗，颇有田横五百士的气概，竟至全军覆没。

此战，明军损失惨重。觉华岛上明军 7000 余名和商民 7000 余丁口都被后金军杀戮；粮料 8 万余石和船 2000 余艘都被后金军焚烧；主岛作为明朝关外的后勤基地也被后金军摧毁。同时，后金军也付出代价，明统计其死亡官兵为 269 名。

明朝与后金的宁远之战，明军在主战场宁远城获胜，而在分战场觉华岛失利，但总的说来胜利是主要的，所以明朝称这场胜仗为"宁远大捷"。

四、宁锦再捷

宁远战役胜利结束以后，袁崇焕预料金军必然还要再来进攻，而且进攻一定攻锦州和宁远。事情的发展正如他所料。

天启六年（1626）努尔哈赤病逝，其子皇太极即汗位。

天启七年（1627）三月，皇太极知道锦州等三城已着手修筑，唯恐三城修好，明军可以凭险固守，并继续东进。于是就在这一年五月带领部队进攻明军，想要破坏宁锦防线，攻破山海关，进而直取蓟州，威胁北京。当时锦州城已经修好，总兵赵率教等率领 3 万人守城。皇太极在五月二十日开始进攻锦州。

袁崇焕在宁远听到锦州被攻的消息，立即派人通知赵率教坚守待援，并且说明城中火器兵马俱备，只要加意防守，敌人绝不能攻下。同时上疏说明敌人冒暑深入，其势定不能持久，只要派疑兵出击四处，进行牵制和骚扰，使敌人既不能攻下锦州，又怕后方受到攻击，就必然会被迫后退。他派尤世禄、祖大寿率领精锐骑兵 4000 人绕到敌后作战，又调集水师由海道向东出发，牵制敌人的后方，同时，还要加强宁远的守卫。刚好这时有一部分蒙古兵来协助守边，袁崇焕就叫王喇嘛率领他们在锦州附近插上军旗，以助声威。

金兵进攻锦州的时候，赵率教一面假意同他们谈和，以待援兵，一方面积极布置城防，准备抵抗。皇太极也一面和明监军太监纪用谈判，向守军进行诱降，一面猛攻城的西边，截断明军退路。城上守军从三面集中来援，大炮矢石齐下，金兵伤亡很重，不得不向后撤退，到离城5里处扎营。皇太极一面调沈阳的金兵增援，一面又三次遣使议和。明军也继续施行缓兵计，教他们到锦州来面议。等到皇太极派使者来到锦州城下时，却又闭门不让其入内。第二天，明军派了一个守备、一个千总去说："昨天因为夜里黑暗，不便开城，今天白天可来面议。"但等到第二次使者再来，明军还是闭着城门，赵率教站在城上说："胜败无常，我们只听天命！"始终不肯开城与金谈判。皇太极想了许多办法，引诱明军出战，赵率教只是置之不理。皇太极也无可奈何，只好再行攻城，但还是攻不下来。从金兵开始进攻，一直到六月退兵，双方在锦州边打边谈，经过三次大战，二十五次小战，金军始终没有能够把锦州城攻破，反而被打死了几千人。

金兵见一时攻锦州不下，又怕明军绕出断自己的后路，于是就在明将尤世禄等尚未从宁远出发袭扰自己的后防时，于五月二十八日由锦州分出一部分兵力由皇太极亲自率领进攻宁远，在城北岗扎营。袁崇焕和副使毕自肃登城固守，把营寨扎在城内，城上四周环列着枪炮。总兵满桂等在宁远城东二里列阵，同城上互为掎角。金军想进攻满桂的阵地，但怕逼近城垣，受到城上大炮的轰击，就假装后退，引诱明军出击。明军知道这是敌人的诡计，坚守壁垒，不肯出击。皇太极毫无办法，准备下攻击令，金将代善、阿敏、莽古尔泰等接受上次在宁远城下的教训，齐声劝阻。皇太极说："过去父亲（努尔哈赤）攻宁远没有攻下，这次我攻锦州又没有攻下，都因为攻城比较困难。现在碰到宁远城下的野战军，假如再不能取胜，岂不有损国威，被人轻视！"就不听劝阻，挥兵进攻宁远城。满桂等见金兵来攻，就在城下和金军展开大战，双方互有伤亡，满桂中箭负伤。鏖战一阵以后，明军为了引诱敌人，退入城内，等金兵追到火炮射程以内时，就用西洋大炮向金军猛烈开火。金军死伤很多，努尔哈赤的侄子济尔哈朗、孙子萨哈廉等都受了伤。袁崇焕此时就在城头上大声呼喊，命令诸将分路追击。诸将听到袁崇焕亲自下令，个个奋勇争先，带领部下向金军猛杀过去，使金兵大受挫折。皇太极没有办法，只好下令退兵。后来他想，在宁远城下和袁崇焕对阵，不可能捞到什么便宜，弄不好还会重蹈过去的覆辙，就率领部队回到锦州，与留在那里的金军会合，一齐猛攻锦州城南。可是因为锦州城濠深阔，又值天气酷热，攻了几次也没有攻下，反被城里明军用西洋大炮、火炮、矢石杀伤大量士兵。这样一来，就使皇太极处于进退维谷的境地。最后，不得不在六月初五日全部撤退。撤退时，把明军暂时放弃了的尚未修复的大小凌河等城全部毁掉。宁锦保卫战至此就以明军的全面胜利而告结束。当时人们称这次胜利为"宁锦大捷"。

锦州被攻克以后，袁崇焕曾向朝廷送上《奏报宁锦情形疏》。疏中分析了明军作战的有利条件和不利条件，说明野战是金军所长，明军不宜在野外邀击，只宜凭城坚守，以大炮轰击。目前锦州已击死金兵数千，如果武器粮食充足，即使敌人再次围困也不成问题，但恐怕后金反客为主，从沈阳出兵轮流阻击明朝援军，长期围困锦州守军，那才是难以对付的。因此，根本的问题是提高军队的野外作战能力。袁崇焕此番话语可以说是知己知彼，熟谙军情。后来，清兵就是用这种办法把锦州攻下的，这就说明了袁崇焕有军事上的远见卓识。由于他早已看到明军的弱点，所以一直注意加强军队的野战训练。因此，此次战役与上次宁远保卫战的情况就有所不同。自明朝与后金开战以来，虽有宁远大捷，却未曾敢与后金"合马交锋"。袁崇焕在《宁远报捷疏》中曾说："十年来，尽天下之兵，未尝敢合马交锋。即去年亦从城上而攻城下，今始一刀一枪，下而拼命，臣复凭堞大呼，令分路追击，诸将忿恨，一战挫之。"由此可见，在袁崇焕平时的训练和战时的鼓励下，明军的野战能力和作战勇气，较过去大大地提高了。这标志着明朝的防御战争进入了一个新的阶段，开始从消极的据城固守，转为刀枪相见的积极抵抗。这次大捷更加增强了广大军民保卫关外、恢复失地的信心，也充分显示出宁锦防线坚强有力的抵抗作用。

这一战役，历时一个月，金军攻城不下，野战不胜，受到极大挫伤。正如皇太极所说"损了国威"。这是明军十年以来，从未有过的大捷。这也充分说明了只要有正确的领导，明军是能够把金军打败的。经过这一次战役，这一条重新建立起来而又经过考验的宁锦防线，就成为明朝东北边疆上的一道坚固的屏障，使金军无法越雷池一步。如果袁崇焕长期负责东北边防，那么，逐步收回失土，恢复辽东是有可能的。但是这时正是阉党势力达到最高峰的时候，魏忠贤一向恨袁崇焕不肯依附自己，实在不愿意让他长时间在此要职上就任。过去，因为边防吃紧，不能不利用他一下，现在看到连续取得两次胜利，边疆形势稍微巩固了一些，就开始排挤他了。在宁锦大捷以后，魏忠贤等加恩三等，甚至三岁的魏良栋、两岁的魏鹏翼也封侯封伯。而宁锦大捷居首功者袁崇焕因一向"不为魏忠贤所喜"，而没有被叙功封赏。不但没有被叙功封赏，还被魏忠贤的党羽御史刘应坤弹劾，诬蔑他不救锦州，是因为"暮气难鼓"。袁崇焕听到这个消息，知道自己是非走不可了，于是不得不乞休辞职，称病请求退休，丢下他花了无数心血建立起来的宁锦防线，离开六年来一直用心守护着的东北边疆，七月里踏上归家之路。他在辞别辽东时所作的《边中送别》一诗中，寥寥数语倾吐了他杀敌雪耻、一心报国的高尚情怀，表现了他处处以国事为重，并不计较个人得失的高风亮节的情操。

他此时的心情是十分痛苦的。因为他的事业还没有完成，失土还没有恢复，国耻还没有洗雪，然而却又不能不走。此种矛盾的心理，也反映在他的一些诗中。当他回到家乡，经过大庾岭时，曾作诗说：

功名劳十载，心迹渐依违。

忍说还山是，难言出塞非。

主恩天地重，臣遇古今稀。

数卷封章外，浑然旧日归。

在这首诗中，他明白说出自己不得已而还山的苦衷。同时表示他并不追悔过去以身许国、立功塞外的行动。由此可见，即使在被排挤以后，他仍旧无法忘怀边防事宜。从结尾二句还可以看出他虽然曾任封疆大吏，但是宦囊萧索，两袖清风。除数卷封章以外，依然书生本色，跟上次落第归来，初无二致。

袁崇焕离去后，阉党仍以王之臣为督师兼辽东巡抚。这个逃跑主义者到此时居然还学高第的做法，撤去锦州的守备，专守宁远，把袁崇焕和广大军民用血汗换回的疆土，再次拱手让与敌人。结果，锦州城竟被金军毁去，幸亏不久，熹宗死了，思宗即位，袁崇焕再被起用，才把锦州第二次收复过来，并且把城重新筑好。

宁锦防线得人则存，失人则亡，说明边防将帅是否得人，极为重要。

否则，即使有了物质上的长城，也只能拱手与人，为敌人所利用。

第五章　千古奇冤

一、诛杀毛文龙

天启七年（1627）八月二十二日，明熹宗朱由校驾崩，其弟思宗朱由检即帝位，即崇祯皇帝。

朝臣乘机对作恶多端的魏忠贤及其党羽群起而攻。崇祯这位主观上很想有所作为的明朝末代皇帝，铲除了恶贯满盈的阉党罪魁魏忠贤及其主要党羽。同时，"廷臣争召袁崇焕。其年十一月，擢右都御史，视兵部，添注左侍郎事"。崇祯元年（1628）三月，罢王之臣。四月，崇祯任命袁崇焕为兵部尚书兼右副都御史督师蓟辽，兼管河北、山东的军事防务。袁崇焕连疏请辞，未被批准。

七月，袁崇焕进京受命，向崇祯面陈方略。他周密地估量了敌我态势的发展，向崇祯说："臣受陛下特眷，愿假以便宜，计五年全辽可复。"提出了复辽的宏伟计划。为此，以以往弊政为鉴，进一步奏明实现复辽大事，须以通力合作为前提，恐怕政府部门不能和他密切配合，甚至从中阻挠破坏，所以特别提出要求："五年之内，户部转军饷，工部给器械，吏部用人，兵部调兵选将，须中外事事相应，方克有济。"鉴于"熊廷弼、孙承宗，皆为人排拘，不得其志"的历史教训，袁崇焕精密地预计了前途可畏，面对皇帝，力陈衷言："以臣之力，制全辽有余，调众口不足。一出国门，便成万里；忌能妒功，夫岂无人？！即不以权力掣臣肘，亦能以意见乱臣谋。"崇祯听了，感动地站了起来，安慰说："卿无疑虑，朕自有主持。"并且通知四部主管官员，要求他们保证袁崇焕的要求能够实现，接着，"收还（王）之臣、（满）桂尚方剑，以赐崇焕，假之便宜"，给了他先斩后奏的大权。心怀知遇之恩的袁崇焕，为慎重起见，又进一步明确提出了自己的主张，请求皇帝正式批准，以便取得合法地位，能够顺利地按照计划执行，毫无疑虑地把辽事方略和可能出现的危难、苦衷，无遗地陈于明君："恢复疆土大计，不外乎我过去以辽人守辽土，以辽土养辽人；守为正著，战为奇著，和为旁著的说法。法在渐不在骤，在实不在虚。这些，我与手下众将士是可以做到的。至于用人之人与为人用之人，都至尊司其个人职责范围，何以任而勿二、信而不疑？驾驭边臣与朝臣不同：军队中可惊可疑的事情很多；只应当谈成败的大局，不应当摘一言、一行之微瑕！事任既重，为怨实多，诸有利于封疆者，皆不利于此身者也。况图敌之急，敌亦从而间之。是以为边臣，甚难！陛下爱臣、知臣，臣何必过疑！但，中有所危，不敢不告。"崇祯听了这位临行前的名将一席忠心、深沉、悲切、辛酸的由衷之言，当即"优诏答之，赐蟒、玉、银币。（崇焕）疏辞蟒、玉不受"奔赴辽东而去。重读三百多年前的这番充满哲理和预见，"字字血，语语泪"的话语，结合行将扑来的际遇，在令人肃然起敬的同时，自然也生出无限的心酸。

在天启六年（1626），袁崇焕已经上过奏疏，要求朝廷信任他。这一次又在刚即位的崇祯皇帝面前再次提出重要的战略思想和相关问题：一、恢复失土，只能渐进，不能速取。二、用辽人守辽土，用辽土养辽人，解决兵饷两缺的问题，减轻国家财政负担，以利持久作战。三、贯彻"守为正著，战为奇著，和为旁著"的基本战略方针。所谓"守为正著，战为奇著"，就是一般的采取守势，有隙可乘时采取攻势。也就是在不利的情况下采取守势，等到敌我力量发生变化，或敌人有了弱点，再进行战略或战术上的进攻。所谓"和为旁著"，就是利用和平谈判作为军事行动的辅助，目的还是为了恢复全辽。四、在国君与边帅的关系上，希望国君只管成败的大局，不在细枝末节上苛求，以建立国君与边帅的正常关系。五、信任边帅，防止敌人用间。

袁崇焕之所以如是思量，当然是为了在战略问题上和朝廷统一认识，从而得到思宗与朝臣的了解和信任、配合与支持。因为几年来的事实告诉他，由于政治混乱，党争激烈，已经牺牲了熊廷弼，挤走了孙承宗，贻误了边疆防务，给敌人造成了有利的机会，自己在前些时候，也同样受到排挤。现在阉党虽然失败，但残余的阉党还没有肃清，他们还在等待机会进行活动。自己在被召回以后，一方面要同金人斗争，另一方面还要同阉党的残余势力作斗争，而且越是勇猛克敌，越是受到敌人的仇视，越是奋迅立功，越是遭到反对的人的妒忌。如果边外的敌人利用朝臣的不团结，来进行离间，朝中的反对者又乘机进行攻击，那么自己的处境是极其危险的，很可能像熊廷弼那样无辜被杀。这一点，他是看得很清楚的。他后来果然死于敌人的反间和朝廷内部的党争，当时他几乎已经预料到了。从这里，我们可以看出他政治上的敏感性与预见性。

袁崇焕在受到中央支持后，于八月初抵达关外。当他听说了宁远饥兵哗变的事情以后，亲自飞驰至广宁，决定借此以整肃军队。他"斩知谋中军吴国琦"及"宥首恶杨正朝、张思顺，令搏十五人戮于市"；严厉斥责负有责任的参将彭簪右、都司左良玉等四人，奖励唯独"不从变"的都司程大乐及其所部。从而，化乱为治，化险为夷，"一方乃靖"。随即他又派兵加强了辽河沿线的守卫。

八月二十二日，后金进犯黄泥洼，袁崇焕派祖大寿把金兵击退。这次战役，明军斩首180级，获骡马120匹，取得了不小的战果。

　　袁崇焕初到关外，就努力贯彻五年平辽方略，着手统筹全局，整顿防务，厘定军制，建立统一的指挥系统。当时，关内外有好几个巡抚和总兵，事权不一，有指挥不灵之患。袁崇焕请合宁远、锦州二镇为一镇，派总兵祖大寿驻锦州；提升中军副将何可纲为都督佥事，和自己一起驻宁远；移蓟镇总兵赵率教驻山海关。关内外只设两总兵。又请停辽东、登莱巡抚，以减少层次。于此，统一了事权，使用了良材，这也增强了袁崇焕的信心。他满怀信心地说："臣自期五年（复辽），专藉此三人！"

　　由于王之臣事辽期间，"以辽左屯政久坏（为由），改兵屯为民屯。未几，复弃锦州，退守宁远"，加上皇太极对蒙古族施行笼络政策，致使锦州外围"向受（明朝）抚赏"的蒙古哈剌慎诸部动摇于金、明之间。崇祯元年（1628），辽东"岁饥"，哈剌慎三十六家有叛志，加深了对宁远前线的威胁。袁崇焕到任后，亲自"诏诸部头人于边，亲抚慰，（众）皆听命"，从而孤立了后金，巩固了锦州防线。

　　崇祯二年（1629）正月和闰四月，后金曾两次渡过辽河，做试探性的进攻，都被袁崇焕派兵击退。因为打退了进犯敌人，保卫了疆土，使"神京晏如"，袁崇焕受到了朝廷的奖励，晋升为太子太保。

　　袁崇焕在精简了内外的一些冗员以后，又进一步和赵率教、何可纲等商量整顿宁锦、天津、登莱等镇的兵制。制定联防计划，以便协同动作，合力攻守。可是有一个长期盘踞在辽东沿海一带私与后金往来的都督毛文龙，不听指挥，无法整顿，这是亟待解决的问题。为了这件事，袁崇焕和朝中辅臣钱龙锡反复磋商。磋商的结果，认为"毛文龙可用则用之，不可用则去之"，并且商定：到了十分紧急的关头，只有用"入其军，斩其帅"的霹雳手段解决他。

出身"无赖""潦倒行者二十余年"的毛文龙原来是个都司。天启初年率兵援助朝鲜，后逗留辽东。曾乘虚袭击镇江，兵败后逃至皮岛。皮岛亦称东江，在辽宁南大海中。毛文龙在皮岛统治着由陆地逃来的军民，成为一个据地自雄的军阀。后来，他用钱财贿赂朝官，并拜魏忠贤为义父，扶摇直上，被提升为总兵，加左都督衔，得尚方宝剑，挂将军印，其防区是旅顺以东沿海一带。这里北靠后金，南接登莱，可牵制后金的后方，有着十分重要的战略地位。但毛文龙本人毫无将略，曾经多次被金兵打败。开镇八年，没有收复一城一地。平时冒领大量军费，克扣兵饷，朝廷派监司稽核，拒不接受。又杀降人难民冒功，劫掠商民，贩运违禁物品，以大量物资供应后金。还曾以索饷为名，公然带兵到登州，大肆抢掠，并且说过"牧马登州，取南京如反掌"的话。实际上他不但骄横跋扈，而且是一个野心极大的民族叛徒，曾准备反叛明朝投降后金。他在崇祯元年写信给皇太极，询问投降以后，可以得到什么待遇。又曾同皇太极约定：金取山海关，他取山东，夹攻明朝。事成之后，"我（毛自称）不分疆土，亦不属尔管辖"，想建立一个自己的独立王国。还曾向皇太极表示，要建立大功，归顺后金。虽然这些内幕，袁崇焕不可能完全了解，但是内外诸臣都认为毛文龙是国家大患，纷纷加以弹劾，只是因为他拥兵海外，鞭长莫及，朝廷对他无可奈何。

崇祯二年（1629）六月，袁崇焕为了整肃军纪，建立统一指挥系统，巩固前沿阵地，减轻国家军费负担，决意处置这个强横的军阀，作为实施平辽方略的第一步，就以阅兵为名，引诱毛文龙到旅顺西北、金州西南 150 里海中的双岛来会见。

袁崇焕同他设宴饮酒、行乐，每每到半夜才罢，毛文龙没有觉察袁崇焕的意思。袁崇焕同他商量更改营制，设立监司，毛文龙很不高兴。袁崇焕用离职返乡劝说他，毛文龙回答说："以前有这个意思，但现在只有我了解东部战事，等东部战争完毕，朝鲜衰弱，可以一举而占有。"袁崇焕更加不高兴，就在六月五日这天邀请毛文龙来观看将士们射箭，先在山上设了帷帐，命令参将谢尚政等安排身穿铠甲的士兵埋伏在帐外。毛文龙来后，他手下的士兵不能进帐里来。袁崇焕说："我明天出发，海外的事情全寄托在您身上了，请受我一拜。"互相拜见之后，一起登上山来。袁崇焕问起他随从军官的姓名，多是姓毛的。毛文龙说："这些人都是我的孙子。"袁崇焕笑了，说道："你们在海外劳苦多日，每月禄米也只有那么一斛，说起来痛心呢，也请受我一拜，大家都为国家尽力。"这些人都叩头道谢。

　　袁崇焕就此诘问毛文龙几桩违令的事情，毛文龙做了对抗性的辩解。袁崇焕高声呵斥他，让人扒下他的帽子和袍带，把他捆绑了起来，毛文龙仍很倔强。袁崇焕说："你有十二条该斩头的大罪，知道吗？按我朝祖宗定下来的制度，大将领兵在外，必须接受文官的监视。你在这边一人专制，军马钱粮都不接受核查，一该杀。大臣的罪没有比欺骗君主更大的，你送的奏章全都是蒙骗，杀害投降的士兵和难民，假冒战功，二该杀。大臣没有自己的将领，有则必杀。你上书说在登州驻兵取南京易如反掌，大逆不道，三该杀。每年饷银几十万，不发给士兵，每月只散发三斗半米，侵占军粮，四该杀。擅自在皮岛开设马市，私自和外国人来往，五该杀。部将几千人都冒称是你的同姓，副将以下都随意发给布帛上千匹，走卒、轿夫都穿着品官官服和袍带，六该杀。从宁远返回途中，劫掠商船，自己做了盗贼，七该杀。强娶民间女子，不知法纪，部下效仿，使得百姓不安于家，八该杀。驱使难民去远地帮你盗窃人参，不听从的就被饿死，岛上白骨累累，九该杀。用车送金子到京师，拜魏忠贤为父，并在岛上雕塑他加冕冠的肖像，十该杀。铁山一战败北，丧师不计其数，却掩败为功，十一该杀。设镇八年，不能收复一寸土地，坐地观望，姑息养敌，十二该杀。"

　　宣布完后，毛文龙丧魂失魄，说不出话来，只是叩头请免他一死。袁崇焕召他的部将来说："毛文龙这样的罪状，该不该杀他？"大家都怕得唯唯诺诺，谁敢反对？中间有称道毛文龙数年劳苦的，袁崇焕训斥说："毛文龙本是一个平民百姓罢了，官做得高，全家都得以荫封，足够报他的辛劳了，他怎么就这样悖乱违逆呢！"于是取下尚方宝剑在帐前把毛文龙的头砍了下来。出来告诉他的将士们说："只杀毛文龙一个人，其他人都没有罪。"

这时候，毛文龙麾下凶猛强悍的官兵有数万人，都怕袁崇焕的威风，没有一个敢乱动的。袁崇焕命人用棺材埋了毛文龙。第二天，用肉酒等祭品祭奠他说："昨天杀你，是朝廷的法律；今天我祭奠你，是出于同僚、友人的感情。"并为他落下了泪。接着分拨毛文龙的士兵二万八千人为四协，任用毛文龙的儿子承祚、副将陈继盛、参将徐敷奏、游击刘光祚为首领。收回毛文龙的敕印、尚方宝剑，令陈继盛代他掌管。又犒劳军士，传檄安抚各岛人民，废除了毛文龙的全部苛政。

回到镇上以后，他把毛文龙一事上疏报告皇帝，末尾说："毛文龙作为大将，不是我可以擅自诛杀的，所以我谨席囊待罪。"当时是崇祯二年（1629）五月。崇祯帝突然听到这个消息，大吃一惊，但想到毛文龙既已死去，当时又靠着袁崇焕，所以就以赞扬的态度下诏书褒奖他。不久又传旨公开毛文龙的罪行，用以稳定袁崇焕的心；毛文龙埋伏在京城的爪牙，也命令法司加以搜捕。

袁崇焕又上疏说："毛文龙一介匹夫，不守法竟至于这种程度，是因为海外便于作乱。他的部队连老带幼一起算有四万七千人，假称十万，并且中间有很多百姓，兵还不到两万，擅自设将领千人。现在不便于再设总帅，就以陈继盛代行其事，这样算来是方便的。"崇祯回答可以。

袁崇焕的奏书虽然暂时得到明政府的谅解，由崇祯追认为其做法合法，说了"文龙通敌有迹，事关封疆安危，阃外原不中制，不必引咎"等话，后又传谕天下，宣布毛文龙的罪状，以安袁崇焕的心。但是，在明朝那种专制主义极端严重的情况下，根本不可能建立正确的上下级关系，必然会发生君权与将权的矛盾。在一定条件下，这对矛盾还会激化起来。袁崇焕既然"冒天下之大不韪"，未经皇帝批准，擅自杀戮大将，在崇祯看来，这就侵犯了他的神圣不可侵犯的君权。何况崇祯又是一个刚愎自用、疑心颇重的人，当然心中不免有所怀疑，同时也定然在心中存在着不快。后来，阉党残余看透了崇祯的这种心理，又乘机以此为攻击东林、企图翻案的借口，使朝廷内部的党争重新尖锐起来，于是埋下了袁崇焕后来冤死的祸根。

袁崇焕后来被杀与五年平辽的方略亦有一定的关系。关于平辽之说，据《国榷》记载，是崇祯问袁崇焕："建州何日可平？"袁回答说："以五年为期。"这句话当时就引起许多议论：有人认为袁崇焕大言欺罔，料定他不能成功；有人认为他向来把事情看得简单，只是随口答应，并没有深思熟虑过此事。而后来阉党残余则抓住这句话，诬蔑他为了结束五年平辽之局，而引敌胁和，欲置之于死地（其实这话才说过一年，距离五年尚远）。

袁崇焕久历边疆防务，当然有经过深思熟虑的方略。他这么说，绝不是大言欺罔，也不是随口应答。如果按照他的方略行事，五年收复金辽，并不是没有可能（如果战略、战术对，朝廷信任他，将士齐心，军民团结，形势的发展比预料的还快）。当然，由可能变为现实，还需要条件，要看敌我双方力量消长的情况。对于战争各个阶段的时间，在袁崇焕心中本有一个粗略的估算，而在魏忠贤伏诛之初，朝政一新，崇祯又极像一个大有作为的君主，因而增强了袁崇焕的信念。他又是一个富于感情的人，很感激崇祯对他的信任和拔擢。当他看到崇祯殷切期望平定辽东时，就把心中的话倾吐出来，意在加以宽慰。及至给事中许誉卿问他五年平辽有无充分把握时，他才想起需要补充说明努尔哈赤经过四十多年的经营，已有相当的基础，要收拾这一局面，本来并不容易，但皇上殷切期望，自己怎么忍心诉说困难？五年之中，必须中外事事相应，乃能成功。并且指出"法在渐不在骤"，也就是说不可能速胜。但是在这一方面强调得还不够，在不懂军事而又性情急躁的皇帝心中没有留下必须持久作战的印象，这对以后事态的发展有很不利的影响。

二、驰援京师

天启末年，袁崇焕实行款西拒东的方针，蒙古各部与明军配合得较好。自袁崇焕去职以后，明军失去得力的将领，与蒙古各部的联络中断。蒙古内部也彼此倾轧，其中势力较强的察哈尔部用兵于素有仇隙的喀喇沁部，同时为了躲避后金的压力，倾巢向西进发，并在宣、大地区进行骚扰。

宣、大明军诱杀了察哈尔部使者，崇祯上台伊始又革除了蒙古各部的赏额，因而明廷与察哈尔部剑拔弩张。而喀喇沁等部因受察哈尔部的欺凌，又相继投靠后金皇太极。于是蓟门一线藩篱尽撤，京师北面的门户暴露无余。

后金皇太极即位以来，重视调整满汉关系，逐步改变了天命年间将汉兵、汉民沦为满人奴隶的政策，对归降的汉人不杀不辱，分配土地，妥善安置。放宽了其父努尔哈赤制定的汉人逃亡统统处死的"逃人法"。他还严肃立法，对劫掠降民财物、草菅降民性命的满人给予重罚。皇太极起用汉族文人，参照汉制设立国家各级机构，学习汉族统治经验，要求臣下凡事都要照《大明会典》去办，改变了他父亲单纯依靠马上打天下的做法，这一切都加速了后金社会的封建化，缓和了满汉之间的矛盾，巩固了政权，发展了后金的经济，使八旗兵的战斗力大为增强。

以上情况表明，袁崇焕再次督师辽东时，形势异常严峻。对于蒙古诸部，袁崇焕极为重视。他向崇祯皇帝建议起用王象乾专责察哈尔部抚赏，崇祯皇帝接受了袁崇焕的建议。崇祯二年（1629）四月，察哈尔部与明王朝重归于好，届时该部迁徙宣、大边外，虽然起不到蓟门藩篱的作用了，但起码使明军摆脱了两面作战的困境。

对于喀喇沁部，袁崇焕深知其穿连辽、蓟，经道惯熟，若导后金入犯，则东从宁前，西到喜峰，处处可虞。当时该部旱荒，要求明朝开米市遭到拒绝。袁崇焕允许开米市，将明军自己都告缺的粮食接济喀喇沁部，并且亲自劝告该部首领，不要背明投金。该部首领指天为誓，以妻儿为质，保证不做后金向导。可是后来喀喇沁部竟背叛了自己的誓言，这是袁崇焕所没有料到的。智者千虑，必有一失，袁崇焕此次出关确也有失策之举。

首先，袁崇焕对其敌手皇太极的智谋和胆略估计不足。他曾说，努尔哈赤不过是个狡猾的强盗，皇太极不过是个剽悍的强盗，没有真本事，得辽土而不肯据，得辽人而不得用，比不上历史上的阿骨打、刘聪、石勒等人。只要按以往方针行事，五年复辽就能实现。其实，如上所述，皇太极已经逐渐改变了其父与汉人为敌的政策，在军事上也吸取了两次败于坚城大炮的教训，探索着对明战争新的适合的战略战术。

其次，由于轻信了喀喇沁部的诺言，袁崇焕便没有着力经营蓟门一线的防务。袁崇焕将原任蓟镇总兵赵率教调到山海关，这对蓟门无疑是削弱。

袁崇焕出关后，皇太极与其互有使者、信件来往。这次持续半年多的和谈系皇太极的主动。这期间后金将注意力主要放在蒙古诸部方面，一则对察哈尔兴师征讨，一则对喀喇沁等部从容笼络。这体现了皇太极欲越关、宁而伐明的战略意图。袁崇焕一方，由于重整防务的需要，也确实无力主动进攻，因此也想以和谈缓兵。但他曾请示阁臣钱龙锡及兵部尚书王洽，未获准允。所以袁崇焕对和谈只是被动应酬，抓紧时间，积极备战。

崇祯元年（1628）九月以后，后金的势力扩张到内蒙古一带。明朝东北边外的广大地区基本上都为后金所控制。因此，后金很有可能绕过山海关，取道内蒙古，侵犯明朝边疆，甚至威胁北京。当时总理蓟辽军务的刘策并没有做必要的准备，北京附近的军事重镇蓟州的防务极为空虚。为统筹全局起见，袁崇焕除了加强自己所辖的宁锦等地的防务以外，还在崇祯二年（1629）四、五月间上疏朝廷，大意说的是："臣在辽东，辽东不需要顾虑，只有蓟门单弱，敌人可能来攻我们的弱点，请求严令蓟门加强守备，这是今天第一要着。"又指出蒙古可能做后金的向导，帮助后金来攻明朝。可是明政府不以为意。袁崇焕连上三疏，反复说明，崇祯才把这件事发交朝臣讨论，但是还是拖延不决。

崇祯二年（1629）十月，皇太极亲自统率大军大举进攻明朝。由于宁锦防线巩固，金军曾遭过两次失败，所以皇太极率领后金并告谕已归顺后金率兵而来的蒙古各部军队几十万人，以熟悉路径的喀喇沁部的队伍为前导，取道今辽宁、内蒙古自治区一带，大举攻明。后金兵分两路向遵化北面的龙井关、大安口等隘口进发。十月二十六日、二十七日，两关连克，后金进入长城，左右两翼大军会师于遵化城下，明朝廷才得知消息，京师全城戒严。

早在同年九月，袁崇焕即得到后金将要渡辽河西犯的情报，他曾派部将谢尚政领兵一支援蓟，却被蓟州巡抚以消息不确为由遣其回师。十月二十九日，袁崇焕正在宁远与山海关之间的中后所，听到金兵越关、宁而攻入的消息，心胆俱裂。他立即命山海关总兵赵率教领骑兵四千人急速增援遵化，赵率教行军三昼夜，走了350里，抵达三屯营，被总兵朱国彦所阻，不能入营。赵率教只得策马向西，路上同后金督粮兵相遇，赵率教挥师进击，把后金兵打败，并杀掉金将卓尔纠。十一月初，赵率教在遵化战役中不幸中流矢阵亡。遵化城因为守将布置失当，随即失陷，三屯营也被后金攻破。

袁崇焕在赵率教出发后，立即调动马步兵两万人，于十一月初四日亲率领锦州总兵祖大寿、中军何可纲等继续入关增援。沿途经过抚宁、永平、迁安、丰润、玉田等地，都留兵驻守，目的是便于将来堵截金军退路。袁军六日疾行 500 里，在十一月初十先敌抵达蓟州。不料遵化已于初三日陷落，巡抚王元雅自尽，赵率教殉国。

崇祯听说袁崇焕率兵来援，很是高兴，下旨嘉奖，拨款慰劳将士，并令袁崇焕统率诸路援军。

这时，昌平总兵尤世威驻军密云，大同总兵满桂驻军顺义；宣镇总兵侯世禄先驻军三河，后移驻通州。袁崇焕令尤世威仍回昌平保护皇陵，令侯世禄仍回三河，为蓟州后应，令满桂到北京去守卫国都，却由自己的部队独挡大敌。袁崇焕这样部署的原因是：这几路军队既缺乏训练，装备又差，把他们分开来还可以壮壮声势，互相接应；合在一起，则一军战败，也势必影响其他各军的士气。这样安排原有其不得已的苦心。不料后来，却被人误解为"遣散援军""纵敌不战"，因而，引起了崇祯的怀疑。

十一日后金自遵化向京师进发。十二日，袁崇焕所率辽军与后金前哨遭遇于离蓟 20 里之马落桥，一战挫之，颇有斩获。袁崇焕知道敌人后队就要来到，就宿在东城等待敌军，欲与后金在此决战。十三日，敌军大队到达，驻扎在蓟州东南角，同袁军相持半日。金军本来就想避免同袁军作战，所以绕道而来，想不到在此又遇到袁军，所以在刚同袁军相遇时，都"相视而骇"。然而皇太极却不恋战，金军因前锋受挫，为了避坚攻弱，就在夜间退去，由蓟州向西而去。沿途遇到满桂、侯世禄的军队，把满、侯两军打败，并且在攻陷三河、顺义以后，直逼通州，企图威胁北京。袁崇焕听说三河、顺义已经失守，又知道北京附近没有劲兵守卫，为了保卫国都，袁崇焕再督将士由蓟州抄小路向西急行。部将们担心，军队没有朝廷的命令而直趋京城，会遭到猜忌。袁崇焕说："皇上有急，还顾得了那么多吗？如能解难，虽死无憾。"一路上，兵不进食、马不停蹄，两昼夜走了300多里。他严令战士秋毫无犯，有一个士兵擅自走进民宅索要饼吃，袁崇焕将其枭首示众，以安民心。十七日，辽军抵左安门，袁崇焕下令，不许一兵一卒私入民家，连野外树木也不得损伤。此时，崇祯皇帝已将兵部尚书王洽下狱，正为京城防守而焦急，闻袁崇焕率辽军先至，深感欣慰。

金军乘夜向西退去以后，盘踞在通州附近，本想把袁军隔在后面，使袁崇焕不能来增援北京；同时又可以进据通州，扼住北京的咽喉，切断北京和南方漕运的联系。皇太极认为这样一来，北京就可以不攻自破了。谁知这一招被袁崇焕识破，袁军早已由近路飞奔到京郊，使皇太极这一招落了空。当金军在高密店一带发现袁军已经到了他们前面时，大出意外，认为袁军从天而降。后来，金军到了北京附近，已经在袁军后面三天了。可是袁崇焕这一积极保卫京师的敏捷行动，后竟被人诬陷为引导敌军逼近京城，威胁朝廷讲和。

十八日，崇祯召见袁崇焕加以慰劳，问他战守方略，并赐军队饮食及貂裘、羊，又令户部发军饷。这时，袁军已经忍着饥饿两天了。十九日，崇祯再发刍豆粮米、羊、酒、银饷犒师。二十日，后金八旗大军始达京师东、北两面，在城北土城关列营。这时，大同总兵满桂、宣府总兵侯世禄率援军列营德胜门，袁崇焕、祖大寿列营广渠门。皇太极命大贝勒代善等领右翼军趋德胜门，三贝勒莽古尔泰等左翼军趋进广渠门。两场剑与血的鏖战几乎同时打响了。德胜门战场上，侯世禄不敢迎敌，先行溃败，满桂率兵交锋、孤军奋战，城上守兵发炮配合助战，不料误伤明军甚多，满桂负伤，带残兵避入城中。

袁崇焕在广渠门西排兵布阵，祖大寿扼守南面，王承胤列西北面，自己率兵居正中，严阵以待，以品字形队列迎击来自东北的八旗兵。两军交锋，短兵相接，奋力殊死。金军一部由皇太极长子豪格率领，首先进攻袁军北面，在打退袁军伏兵后，追至城濠附近，被袁军所阻。金军的护军校台弼善继续前进，被袁军打死。此时，金将阿济格、阿巴泰、多尔衮（均为努尔哈赤的儿子），又用尽全力向袁崇焕的中军猛扑，想一举击溃袁军。袁崇焕也指挥战士奋勇杀敌，双方展开了猛烈的战斗。在战斗过程中，袁军副总兵周文郁两肋中了许多箭，像个刺猬一样；袁崇焕也被射中了几箭，幸亏身上披着数重铠甲，不曾射穿。有一次，敌人的刀已经砍到袁崇焕的身边，亏得有人拿刀将敌人的刀隔开，袁崇焕这才没有受到伤害。袁崇焕身先士卒，袁军将士越战越勇。以往军士杀敌论功，每凭首级，而常以争割首级而误战。袁崇焕深以为鉴，战前即令：不许割级，惟尽歼为期。故众将士此时一意剿杀金军。后来，袁崇焕同祖大寿合兵，进行了反击，进攻金军后队莽古尔泰部，八旗锋芒始却，金军不支溃退。明军乘胜砍杀，追出十多里，一直到辽河边上，金军慌忙渡河。渡河时，骑兵陷在冰里，淹死无数。袁军又乘胜斩首一千多级。

　　这次战役，自午时起至酉时止，两军血战六七个钟头，八旗兵被歼数以千计，使金军锋芒大挫，明军亦伤亡数百。袁崇焕连夜慰劳负伤将士，直至东方欲晓。皇太极曾叹息说："十五年来，不曾碰到这样的劲敌也！"（这次袁军以寡敌众，野战规模及作战成果都超过了宁锦战役，说明袁军的战斗力又有新的提高，能够和金军争强斗胜，这是十分了不起的成就）崇祯皇帝闻广渠门捷报，十分高兴，二十三日召见袁崇焕、祖大寿、满桂等于平台，赐貂裘、银甲等，并发酒肉、麦饼劳军。袁崇焕千里入京护卫，只带九千精骑，自是士不传餐、马不再秣已值两旬，想率军入城，稍事休整，待步兵赶到再与敌决战，可是遭到崇祯皇帝的拒绝。

　　十一月二十七日，金军又攻左安门，被袁军夺了攻城器械，杀了一个头目。金军只好放下北京不攻，退兵到南海子一带。北京形势稍微缓和下来。同一天，袁崇焕又派向导任守忠率领 500 人带着炮袭击南海子，金兵被吓得逃掉很多。在此期间，袁崇焕因部下连续行军作战，十分疲劳，曾请求入休外城，崇祯不许。袁崇焕提出这样的要求，其原因是：

一、休养士卒、以逸待劳，且避免与数量占绝对优势的敌人进行野战。

二、加固城防，居高临下，敌如攻城，即以大炮轰击。三、"避其锐气，击其惰归"，待敌人松懈疲惫，我各路援军齐集，内外夹攻，使金军前阻坚城，后无退路，终遭惨败。这样的作战方略本来是正确的，谁知竟被崇祯怀疑为心存异志，而成为后来袁崇焕被杀害的罪状之一。

由于袁崇焕兼程赴援，只带了骑兵九千人，步兵还落在后面，不能跟上，以九千人抵抗十余万大军，实力相差太远，根本不能同敌人展开决战。可是明政府在慌乱之中，每天催促他快些出战，想尽快将敌人赶跑。袁崇焕为了避免不利的决战，决定等到十二月初三、初四步兵赶到，再一举歼灭敌人，所以持重不发，不料还没有等到步兵赶到，这位忠诚谋国、千里赴援的袁督师，就于十二月初一日崇祯召见他时，被逮捕起来，而且后来竟遭冤杀。这个突如其来的巨大变化，给当时的战争局势带来了极其不利的影响。如上所述，袁崇焕在这次反抗后金入侵的战争中，不但自己直接守护的防线非常巩固，使敌人无隙可乘，不敢侵犯，而且能事先看出问题，提出警告，更能主动地入关增援，以少数兵力抗击十余万敌军，取得相当大的战果，使北京局势相对地稳定下来。这和刘策的疏于防范，使敌军乘虚而入，以及侯世禄等遇敌即行败退的情况大不相同。因此，袁崇焕不但无罪，而且有很大的战功。至于他不愿意按崇祯的命令在不利条件下同敌人决战，以免遭受损失，影响整个战争局势，而主张等待援军齐集，敌人暴露弱点时歼灭敌人，这也是非常正确的万全之计。而且就整个战争形势而论，敌人孤军深入，利在速战，明军则利在持久。这一点只要稍有军事常识的人都应该知道。在皇太极入侵途中，他的弟兄代善和莽古尔泰等都曾加以劝阻，理由是："深入敌境，劳师袭远，若粮匮马疲，何以为计？纵得入边，而明朝方面会各路军环攻，则众寡不敌；倘从后堵截，恐无归路。"可见，皇太极的这一军事行动带有很大的冒险性，是绝对不能持久的。如果袁崇焕能够继续这次战役，把他的正确主张贯彻下去，那么后金的军队很可能遭到代善等所说的惨败的结局。

这一点，我们只要看袁崇焕被捕后战局的演变就可以知道。起初，满桂受命为武经略，统领诸军。因援军未集，朝廷促战，结果一战阵亡。其他如祖大寿、麻登云、黑云龙等几个总兵或死或被擒，明军一败涂地。金将纷纷向皇太极建议进攻北京，皇太极说：取北京易如反掌，但明朝地广人多，还有防御力量，不会一下子土崩瓦解。恐怕得之易，守之难。不如整练兵马，伺机再举（实际是怕城上大炮的轰击）。于是在北京郊区以及良乡、寿山、固安、通州等地大肆杀掠以后，又向东进据永平、滦州、遵化、迁安四城，并企图打开山海关一线，由抚宁附近进攻距关三十里的凤凰店，但被明军官维贤部力战击退，这一目的未能达到。结果，金兵不敢孤军久悬，只好一面送信给明朝"议和"，一面留下一部分兵力驻守永平等四城，大军匆匆于崇祯三年（1630）三月由冷口（迁安东北）出长城归国。而留守四城的金军虽然都是精锐部队，又由皇太极的堂兄阿敏等人统率，但不久就被孙承宗指挥的山西总兵马世龙以及祖大寿军队打败，伤亡数千人，四城完全被明军攻破，阿敏等人因此获罪。可见，以上所说的袁崇焕反对速胜，主张持久，反对在不利的条件下决战，主张在各路援军齐至，敌人饥饿沮丧、斗志低下的情况下前截后堵的见解，是完全正确的，也是完全可能获胜的。可惜的是袁崇焕突然被捕，形势大变，明朝也就难以有所作为了。

三、自毁长城

袁崇焕为什么突然遭到逮捕呢？

原来在宁远、宁锦两次大捷后，后金就感到袁崇焕是个劲敌，但是无可奈何。其后，章京范文程就献上密计，要施行反间计，在广渠门、左安门两次血战以后，皇太极又一次感到不把袁崇焕除去就不可以成就自己的事业。刚好，金兵到达北京牧马场时，明朝管马的杨太监等二人和其他三百人一起投降。太监是接近皇上的人，皇太极就在他们身上打起了主意，想出了一条反间计。他袭用《三国演义》中所讲的周瑜利用曹操的说客使曹操中了反间计的手法，利用了这两个太监。皇太极一面在十一月二十七日退兵到南海子，一面嘱咐副将高鸿中、参将鲍承先，教他们如何进行反间。这两人在听到皇太极的密计以后，就故意坐在杨太监等二人睡觉附近的地方，低声耳语，故意让他们听到，说是："今天撤兵，是皇上的计划。刚才看见皇上一个人骑马走向敌阵，敌方有两个人来见皇上，说了好长时间的话才回去。估计袁督师和我们有密约，这件事立刻就能成功。"杨太监不知是计，还假装睡着偷听，把他们的话默记下来。事后金兵又故意放松戒备，让杨太监能够避开监守，在三十日逃回北京（有人怀疑杨太监本身就是后金收买的间谍）。杨太监回京以后，就把偷听的话一一告诉了崇祯。崇祯这个猜忌多疑而又自作聪明的皇帝，在袁崇焕杀死毛文龙以后，本来就对袁崇焕有些怀疑，这次听了杨太监的话果然中计，认为确有其事，就在十二月初一再次召见袁崇焕时，把他逮捕下狱。

袁崇焕的被捕，除了崇祯中了后金的反间计外，还有下列几个原因：

（一）毛文龙是阉党，又是浙江人。在他生前，每年从朝廷领来上百万的饷银，大半不出都门，而由他送给有势力的阉党官僚。自他被袁崇焕杀死以后，经常受他贿赂的阉党残余失去了一笔重大的财源，当然恨袁崇焕入骨。因此，毛文龙的同乡、同阉党密切勾结的礼部侍郎温体仁以及同袁崇焕有私隙的兵部尚书梁廷栋，就伙同党羽阴谋陷害袁崇焕。当金兵盘踞在通州的时候，温体仁就密疏攻击袁崇焕，说他"以五年平辽东欺骗皇上，实际是要同后金议和，现在又引诱敌兵长驱直入，目的在挟制朝廷，订立城下之盟"。

（二）宦官和皇亲国戚们都在北京城外占有庄、店、邸、墓等产业，金兵到来，无疑受到糟蹋，他们非常痛心。这些人既不懂军事，又只保护自己的私利，就十分主观地要求袁崇焕赶快将金兵击退。当不能达到目的时，就迁怒袁崇焕，在崇祯面前说他"逗留城下，不肯尽力"，甚至散布流言蜚语，诬陷他是叛逆。

（三）大同总兵满桂，起初和袁崇焕一同守宁远。天启六年（1626）努尔哈赤攻宁远时，满桂首先主张放弃宁远城，受到袁崇焕的斥责。后来，满桂又因与祖大寿不和被袁崇焕调开。因此，他对袁崇焕很不满意，甚至怀恨在心。这一次他由大同带兵入援，为了制造群众对袁崇焕的不满，竟然命令部下假称袁军，在京郊大肆进行掳掠。后来，在德胜门一战中，他败入瓮城，又贿赂宦官，在崇祯面前搬弄是非，中伤袁崇焕。在袁崇焕被捕的这一天，更无中生有地当面"揭发"袁崇焕的"奸状"。这些都加深了崇祯对袁崇焕的怀疑。此外，侯世禄从宣府带来的援兵也曾进行掳掠，当时有些人搞不清楚，把这些掳掠的"援兵"讹传为"袁崇焕的部下"，结果也使袁崇焕代人受过，为一些人所不满。

袁崇焕虽然被捕下狱，但还不一定就被处死。袁崇焕的被捕使他的部将十分恐惧，与其关系密切的锦州总兵祖大寿，深恐督师被捕会连累自己，于是与何可纲带师离开了北京，逃出山海关。袁崇焕的部队是抵抗后金军的主力，只有这支军队曾经屡次打败过金军，也只有袁崇焕在这支军队中享有极高的威信。崇祯帝没有办法，只好叫袁崇焕在监狱里写了一封亲笔信给祖大寿，叫祖大寿等要以忠义为重，以大局为重，听从朝廷命令，团结一心，坚持抗金，绝不可因为他个人的生死而轻举妄动，不要危害抗金大业。因为害怕引起类似的兵变事件，崇祯帝在后金直接威胁北京、横行关内的情况下暂时没有对袁崇焕做出最后的判决。后来，当祖大寿接到袁崇焕的狱中亲笔信时，全军都痛哭起来，祖大寿的老母亲已经八十多岁了，当时跟儿子在一起，问明了大家痛哭的原因，就对大家说："督师现在还没有死，何不杀敌立功，再向皇上要求保住督师的命？"众将士以为这样做很对，当天就回师入关，奋勇杀敌，希望能用战功来保住他们所敬爱的主帅的性命。后来，祖大寿在收复永平等四城的战役中立下了相当大的功勋。崇祯认为袁崇焕和他的部下还是愿意抗金的，疑心稍微消释了些，想再起用袁崇焕。而且崇祯说过"守宁远非袁蛮子不可"的话。当兵科给事中钱家修上疏为袁崇焕申冤时，崇祯也有"袁崇焕讯问明白，即着前去边塞立功，另拟擢用"的批答。可见袁崇焕不但可能不死，而且还可能再次被任用。

但是，因为这个案件，除了敌人的诡计以及某些人对袁崇焕个人不满以外，还被仇恨东林党的人所利用，作为朝廷党争的工具，所以问题就变得非常复杂了。原来自从魏忠贤倒台以后，崇祯大量任用东林党人。当时连续担任内阁首辅的李标、韩爌、成基命以及大学士钱龙锡、左都御史曹于汴等都是东林党人。他们在崇祯二年（1629），在崇祯帝直接指挥下，主持确定魏忠贤逆案，把阉党分子262人分为六等治罪，称为"钦定逆案"，颁行全国。但是，阉党漏网分子吏部尚书王永光和他所涉及的御史高捷、袁弘勋以及曾因作诗谄媚魏阉而被弹劾的温体仁等，日夜思量着翻案之事。他们就利用崇祯对袁崇焕的怀疑并且利用袁崇焕杀毛文龙以前曾和东林党人钱龙锡商量过这件事为口实，企图兴起大狱。他们商量好，指袁崇焕为"逆首"，钱龙锡等为"逆党"，想再立一个"逆案"，和前述的"钦定逆案"相抵，对东林党人实行打击、报复、排挤，并乘机翻案。于是残余阉党分子原抱奇、姚宗文在朝廷造谣说："有人捉到奸细七人，这七人自称是袁崇焕教他们送信给敌人的。"但是，后来到会审时，这七个被捕的奸细忽然都不翼而飞了。这很明显是对袁崇焕的诬蔑。

同时，温体仁、梁廷栋、高捷、姚宗文等人又多次上疏，除了说袁崇焕"引敌胁和"以外，又说他通敌叛国。根据是：

（一）擅自杀害毛文龙就是为了讨好金国，便于同敌人讲和；而且金兵进攻北京，也是毛文龙被杀减弱了辽东实力的缘故。

（二）袁崇焕卖米给依附后金的蒙古朵颜部首领束不的，就是通敌明证。（崇祯二年，束不的因遭受旱灾，想勾结后金，骚扰明朝北部边疆，袁崇焕为了争取束不的，向崇祯奏明卖米给他）

（三）祖大寿引兵东去，意图叛变，是袁崇焕与钱龙锡挑激所致。

（四）后金入侵后，屡次遣使议和，与袁崇焕串通一气，呼吸相应。（按：后金遣使议和，可以证实袁崇焕"引敌胁和"的流言，崇祯因疑而将袁崇焕处死，因此也是后金的一种反间手段）

为了证实袁崇焕的罪状，梁廷栋等还无耻地收买袁崇焕的部将副总兵谢尚政，许以高官厚禄，教他出来证实袁崇焕资敌私通之罪。此外，梁廷栋等还说袁崇焕搜刮毛文龙的貂皮、人参、辎重价值百万，捆载而西，转运到自己家中，并且说这件事为"万目所共睹"，替袁崇焕加上贪污的罪名。总之，阉党"出间金数十万，飞箝上下，流言小说，造作端末"，造成"不特烈皇（崇祯帝）证其先入；朝野传告，亦为信然"。阉党分子采用各种卑劣手段，散布种种流言，安排重重陷阱，一定要坐实袁崇焕叛逆之罪，置他于死地，以便进一步陷害东林党人。

袁崇焕下狱以后，东林党人纷纷受到攻击排挤。钱龙锡首先在崇祯三年（1630）初称病辞职（后来还被捕下狱，罚往定海卫充军）。韩爌、李标、曹于汴也先后在正月、三月里被排挤去职。成基命虽然继续担任内阁首辅，但是因为周延儒、温体仁相继入阁，对他进行掣肘，所以也只好在七月、八月间辞职不干。这时，在政治上，反东林党的内阁已经形成，大权落在温体仁等手里。军事方面，永平等四城已在五月中旬收复，战争形势暂时稳定下来。因此，他们又利用这一时机，肆无忌惮地攻击东林党，想早点把袁崇焕杀了，把"罪案"确定下来。史范在八月里上疏说："钱龙锡出京时，曾把袁崇焕所送的重贿数万两寄存在亲戚家中，替袁崇焕活动，所以袁崇焕到现在还没有定罪。"又说：钱龙锡、袁崇焕卖国欺君，他们的罪恶胜过秦桧（当然，毛文龙的功绩就超过岳飞了）。连续用这些话激怒崇祯。果然，崇祯发怒起来，限刑官在五日内定案。这样，袁崇焕就遭到和熊廷弼同样的悲惨命运。虽然当时朝臣十之七八了解袁崇焕的冤枉，但是因为温体仁、梁廷栋等正得到崇祯的信任，为袁崇焕申冤的话传不进去；并且替袁崇焕申冤的人如御史罗万爵等，又纷纷被加罪，大家都怕被加上"逆党"的罪名，不敢冒险援救。这样一来，袁崇焕就非死不可了。与袁崇焕有联系的东林党当然随之受到打击，政治局势的进一步败坏就是不可避免的。

　　袁崇焕的被捕下狱，皇太极的反间计不过是个导火索，其中更有其深刻的社会原因。崇祯皇帝即位后，锐意中兴，诛阉党、定逆案，颇有一番新政。然而在他面前仍摆着两个最棘手的难题：一个是农民起义。崇祯元年（1628）十一月，陕北因连年大饥、官吏横征暴敛，王二首举义旗，闯王高迎祥等相继起事。另一个就是辽东问题。而这两者又是互相关联的。辽事不结束，对粮饷的加派不会停止，民不得不反；民变迭起，官军不能一意东向，辽事更不易了结。崇祯皇帝将辽事重任委于袁崇焕，袁崇焕许以五年平辽，崇祯似已看到摆脱困境的希望。"己巳之变"后金铁骑震撼京师，"五年平辽"已成画饼，预示了"新政"棋局将全盘皆输。加之自嘉靖二十九年（1550）以来，京都80年来首罹兵祸，星布于北直隶的勋贵庄田被劫掠，黎民百姓三教九流受蹂躏，激起了朝野各界的普遍不满。这一切对崇祯新政是非常沉重的打击，对崇祯帝的威望及心理的打击也是极其巨大的。因此，身为蓟辽总督的袁崇焕及兵部尚书王洽等，是难逃其直接责任的。造成英雄悲剧的不仅是崇祯皇帝和逆阉党羽，同时也是阶级矛盾和民族矛盾都尖锐得无法克服的腐朽荒唐的明王朝。

袁崇焕之死与崇祯的为人也有密切关系。如果不是崇祯上当受骗，袁崇焕是绝对死不了的。那么崇祯的为人到底怎样呢？现在不妨简介如下：

一是年少无知，昧于事理，暗于知人。崇祯即位之初，不过十六七岁，既缺乏政治经验，更缺乏军事知识。虽然自作聪明，实际却幼稚得很。老奸巨猾的温体仁欺骗了他一辈子。两任首辅、作风不正的周延儒嘲笑他是"羲皇上人"。崇祯除了对魏忠贤等元凶巨恶，因罪恶昭彰，有所认识以外，对于熊廷弼、王化贞的是非功过就不甚了了。对于东林党也缺乏正确的评价。由于是非不明、忠奸不分，所以往往处置不当，决策失误。用人失当的事例更是不胜枚举。自东林党人被排斥以后，所用之人，不是奸臣就是庸臣，兵部尚书中也有不少人是胆小鬼。

二是求治过急，用法过严。边防、吏治、党争是崇祯最感棘手之事。这三件事因为由来已久，积因复杂错综，没有一件可以迅速解决。但是崇祯求治心切，只从主观愿望出发，不按客观规律办事。他的办法实际有二：一、力求速效。二、惩办从严。因为不可能求得速效，所以就剩下惩办从严。崇祯十七年中，总计杀了总督7人，巡抚11人。十四个兵部尚书中，除三人外，都不得善终。其余官员受到惩办的尚有许多。严刑峻法，残害英才，是崇祯最大的失误之一。

三是师心自用，拒谏饰非。思宗自以为是，又有虚骄之气。每有失误，群臣进谏，就认为触犯了皇帝的尊严，加上"阻旨""藐抗"等罪名，横加处罚。结果是刚直者去位，柔佞者幸进，开谄谀之风，行苟且之政，纪纲日坏，国事日隳。皇太极在击灭虎墩兔部完成对明朝的包围态势以后说："南朝君骄而臣谄，兵弱而民务，亡无日矣！"皇太极不愧为目光敏锐的政治家，能首先从政治方面看出明朝必然覆灭的命运。

四是躬勤细务，琐屑苛求。崇祯事无巨细，君亲躬勤，不能从大处落目，通盘考虑，解决全局问题，而且容易束缚臣下手脚。琐屑苛求，不能全面论人，区明贤愚曲直。温体仁正是利用他的这一弱点，专门"摘发细事""务为刻核"，排击正士，朋比为奸，从而败坏国事的。

五是心存猜忌，不能容物。封建君主往往患有猜忌的"职业病"，程度虽有不同，本质并无差异。由于心存猜忌，臣下稍有"不逊"或"越权"行为，马上视为侵犯君权，大逆不道，必欲置之死地而后快，崇祯当然也不会例外。正因为如此，袁崇焕杀了毛文龙，他才会耿耿于怀；皇太极那种蒋干盗书式的反间计才能奏效，阉党残余的挑拨才能使他大动肝火，迫不及待地要处以极刑。

由上述几点看来，袁崇焕之死，固然与崇祯少年无知、刚愎自用的个性有关，但也牵涉到君主专制制度。实际上，袁崇焕的悲剧是植根于专制制度之中的，因而很难避免。"自古圣贤皆薄命，奸雄恶少尽侯王"，"汉廷荣巧宦，麟阁绌边功"，这些在当时都已经成为规律。温体仁这个"外曲谨而内猛鸷、机深刺骨"、极端狡诈、极端阴险的巧宦，深得崇祯信任，总计做了八年辅臣，五年首辅，死后还追赠太傅，赐谥"文忠"，可谓富贵寿考、生荣死哀。而袁崇焕这一十足的"傻瓜"，立身行事，与温截然相反，尽管立过很大的功劳，还是落得千刀万剐，罪及母弟、妻、女，就"理所当然"，不足为怪了。

四、忠魂依旧守辽东

崇祯三年（1630）八月，尽管多方搭救，猜忌多疑、刚愎自用的崇祯帝，还是下令将袁崇焕寸磔处死。崇祯本来打算对其施行最残酷的刑罚灭三族，总计要杀300余人，还亏得何如宠等竭力解救，成基命再三叩头，请求慎重，才略予减轻。八月十六日，袁崇焕终于在阴谋诬造的"擅杀大将，勾引敌方来胁迫朝廷求和，谋叛欺势的罪名下被凌迟（即磔刑）处死"。临行前，袁崇焕口占一诗：

一生事业总成空，

半世功名在梦中。

死后不愁无勇将，

忠魂依旧守辽东。

此诗表现了他忠心报国、至死不渝的坚强信念和磊落光明的宽阔襟怀。这一年，袁崇焕仅46岁。袁崇焕的家被查抄。家被查抄时，仅"祖遗薄产"及"祖遗屋数椽"，完全证实了他狱中《忆母》《寄内》诗中所说的"母亲已老家何有""家无担石累卿卿"的话。因此，凡稍知其事者无不为之抱屈。袁崇焕的妻子、九岁的女儿以及弟弟袁崇煜都流放三千里（家属在辽东的流放到浙江，后改为贵州，在广东原籍的流放到福建）。

《明史》写道："自崇焕死，边事益无人，明亡征决矣。"这话未免有夸大个人作用之处，然而确实反映了袁崇焕在抗击后金战争中举足轻重的作用。崇祯帝因袁案自毁"长城"，袁督师之死，给明代历史的发展带来了极大的影响。袁崇焕受任于败军之际，奉命于危难之间，十载在边，殚精竭虑，惨淡经营，公而忘私，国而无家，表现了崇高的爱国情操。为了抵抗后金的掠夺和进扰，袁崇焕"独提一旅，挺出严关"，"十年来，父母不得为子，妻孥不得以为夫，手足不得以为兄弟，交游不得以为朋友"，历尽风霜，备尝艰险，为捍卫疆土、捍卫关内人民的利益创立了卓著功勋。他不愧为杰出的军事将领，他的光辉业绩永远彪炳史册。

凌迟是一种极端残忍的刑罚。《崇祯遗录》载当时哄传袁崇焕谋反，人人切齿。等到行刑时，百姓分食其肉。这些肉食者中，固然有许多听了流言蜚语、不明真相的百姓，但是恐怕也有制造流言蜚语的反东林内阁的爪牙。目的是使崇祯坚信不疑袁崇焕确是"罪有应得"，以便进一步陷害东林，为阉党翻案。黄尊素《说略》中有：熊廷弼待勘都下，每遇朝审时，行路之人必以瓦砾掷熊，以致满面流血。论者说这是王化贞收买的人干的，目的是假借民意，加重熊廷弼的罪名，为自己开脱罪责。杨士聪《玉堂荟记》说"蜚语皆出自内阁"，然则啖袁崇焕肉事亦是温体仁、梁廷栋之流仿效刘瑾先例，效王化贞故智，促使其爪牙为之，这是完全可能的。

现把袁崇焕诗《入狱》抄录如下，以见其入狱后的心境：

> 北阙勤王日，南冠就执时。
>
> 果然尊狱吏，悔不早舆尸。
>
> 执法人难恕，招尤我自知。
>
> 但留清白在，粉骨亦何辞。

从这首诗中可以看出袁崇焕当时的心情是复杂的。颔联表明早知今日受辱于狱吏，悔不昔日战死于沙场。颈联暗指为了整肃军纪而杀毛文龙、责满桂因而招来怨尤。尾联表现出了于谦那种"粉骨碎身浑不怕，要留清白在人间"的牺牲精神和坦荡胸怀。

袁崇焕是一个难得的军事天才。由于袁崇焕的冤死，后来孙承宗的辞去，直接、间接地打击了抗击后金的军民，削弱了明军的军事力量，导致后金一步一步地侵占边疆（如后来攻占锦州、松山等地），并且多次进犯内地。袁崇焕的冤死，使明朝"兵临城下，而自坏万里长城"，失去了真正能负起镇抚辽东的栋梁，亦为后金进掠明朝江山搬去了大障碍。

正如《明史》所评："自袁崇焕，边事益无人，明亡征决矣。"

第六章　收服洪承畴

一、洪承畴家世

洪承畴，字彦演，号亨九，福建泉州府南安县人，出生于明朝万历二十一年（1593）。

据《洪承畴墓志》记述，盛唐时期，洪承畴的先祖本姓陈，是京兆府万年县（今陕西西安西北）人。唐玄宗时，官至太子太傅。后来，他因得罪了当朝权臣、宰相李林甫，谪贬至闽，死的时候，仍被封为国公，谥忠顺。从此，洪承畴的祖先就在福建英都落户繁衍。

另一说是根据《武荣翁山洪氏族谱》的《谱记》记载：

"吾先世本姓陈，系河南光州固始县人也，唐景福间从王潮入闽。其后陈公洪进以漳、泉二州归宋。诸子在泉者世居郡城朋阳（今泉州北门外）及同邑嘉禾里（今厦门）。朋阳之裔相传于元初避乱入英山，是为我祖顺斋公。"

到顺斋公之子温斋公时，家道中落，入赘于洪姓人家，遂姓洪。

洪承畴的曾祖父洪以诜，中过庠生，也就是秀才。祖父洪有秩，中过贡生，文章有名气，早年卒于赴考途中。夫人戴氏在洪有秩死后生下遗腹子洪启熙，就是洪承畴的父亲。戴氏孝事姑婆，抚孤成长，被朝廷表节孝烈女，累赠一品夫人。

父亲洪启熙也中秀才，性格庄重沉稳，以至孝名闻乡里。娶妻傅氏，是名门闺秀，教子极严。育有三子，长子承畴，次子承畹，三子承畯。

洪承畴童年入溪益馆读书。因家境贫寒，11岁辍学，在家帮母做豆干，每日清晨还要到英圩埔走街串巷叫卖豆干。当时西轩长房的才子洪启胤在水沟馆办村学，洪承畴叫卖豆干之余，常在学馆外听课，偶尔也帮学生做对子。洪启胤发现洪承畴极有天分且抱负不凡，免费收洪承畴为徒，使他重返校门。洪承畴学习用功，博览群书。启胤老师的《史记》《资治通鉴》《三国志》《孙子兵法》等书都被他借来认真研读，从小就表现了治国平天下的愿望，甚得洪启胤赏识。洪启胤曾在洪承畴的一篇文中批下"家驹千里，国石万钧"的评语。

洪承畴在水沟馆读了五年书后，又到泉州城北学馆读书。

明万历四十三年（1615），23岁的洪承畴赴省参加乡试，为乙卯科中试第十九名举人。次年，赴京会试，连捷登科，为丙辰科殿试二甲第十四名，赐进士出身。

二、总督三边

洪承畴初被任命为刑部江西清吏司主事，历任员外郎、郎中等职，在刑部任事六年。明天启二年（1622）擢升浙江提学佥事，以才高识士，所选人才皆俊奇，为朝廷所器重，两年后升迁两浙承宣布政左参议。天启七年（1627），升陕西督道参议。

明末政治腐败，农村破产，压迫剥削日益加重，陕西又逢旱灾，人民无法生活。崇祯元年（1628）七月，王嘉胤、杨六、不沾泥等在陕西府谷等地首举义旗，全陕响应。从崇祯元年至崇祯三年间，高迎祥、张献忠、李自成等先后起义，陕境共有义军一百余部。一部分官军边兵，因缺饷哗变，亦加入义军，并成为骨干。

明廷令三边总督杨鹤"剿抚兼施、以抚为主"。

崇祯二年（1629），农民军王左桂、苗美率兵进攻韩城。陕西总督杨鹤手中无将，情急之下，令当时还是参政的洪承畴领兵出战。洪承畴斩杀敌兵三百人，解了韩城之围，顿时名声大噪。

崇祯三年（1630）六月，洪承畴被任命为延绥巡抚。作为杨鹤手下干将，本该支持上司的"招抚政策"，可是洪承畴没有，他反而大力剿匪。不仅剿匪，而且"杀降"！当时被其杀掉的投降"贼军"多达数万人，这也是洪承畴出现在每本历史书上都是"反动人物"的原因。其实如果读过明末农民起义史就不难发现，李自成、张献忠曾多次诈降，养精蓄锐一段时间后再反。明朝多次对"贼军"剿而不死，就是因为这种诈降。由此可见，洪承畴在这方面是颇有先见之明的。

明廷无力养活大批饥民，已接受安抚者，纷纷再起。崇祯四年（1631），三边总督杨鹤为此被罢官入狱，洪承畴继任陕西三边总督。洪承畴改杨鹤的"边剿边抚"为"全力清剿""以剿坚抚，先剿后抚"方针，集中兵力进攻陕西农民军。崇祯五年（1632）春天，一股农民军由于顶不住官军的压力，向庆阳突围。洪承畴亲赴庆阳，指挥会战。双方在西澳激战数十次，农民军损失惨重，首领杜三、杨老柴被斩杀。此战一扫多年官军之颓气，被朝廷称为"西澳大捷"。

各部义军先后东进，崇祯四年（1631）至六年（1633），活动中心移至山西。作战亦由极度分散、各自为战发展为相对集中，互相呼应。高迎祥、张献忠、李自成、罗汝才等部20余万人，号称36营，一度破大宁、隰州、泽州、寿阳等城。

崇祯六年（1633）冬，高迎祥、张献忠、罗汝才、李自成等24营

10余万人突破官军包围，经渑池县突破黄河防线，转进至明军力量薄弱的豫西楚北，以郧阳为中心，分部来往穿插于豫楚川陕之间，利用官军分兵守境、互不协同的弱点，进行游击性质的流动作战。明军不得不分兵把守要隘，穷于追剿，陷入战线过长、兵力分散的困境。洪承畴为改变被动局面，以重兵包围起义中心地区，实施重点进攻，高迎祥义军接连败于确山、朱仙镇（今河南开封市西南）等地，被迫转入西部山区。

明廷为改变"事权不一、相互观望"的被动局面，改用"集中兵力，全面围剿"方针。崇祯七年（1634），以陈奇瑜为五省总督，统一指挥陕晋豫川及湖广官军，由四面分进合击，企图一举尽歼各部义军。义军相继转进汉中，围剿落空。

崇祯七年（1634）十二月，明思宗朱由检撤掉陈奇瑜，洪承畴仍任陕西三边总督，但以功加太子太保、兵部尚书衔，总督河南、山西、陕西、湖广、四川五省军务，成为明廷镇压农民起义的主要军事统帅。当其调动官军入陕，重新组织围攻时，当时农民军聚集在陕西的有20余万人，其中以闯王高迎祥及其部属李自成的力量最为强大。洪承畴命总兵贺人龙、左光先出兵夹击，义军突围东走，转进灵宝、氾水，进入河南。

崇祯八年（1635）一月，洪承畴率主力出潼关，在河南信阳大会诸将，准备对起义军实行大规模的军事围剿。

义军于崇祯八年（1635）初，分三路进军：一部西返陕西，一部北进山西，一部东入凤阳，焚毁皇陵。洪承畴军三月间至河南时，义军已大部又集中于陕西。洪承畴匆匆回军关内。李自成在宁州、真宁两歼官军，破咸阳，逼西安。高迎祥、张献忠等乘官军被牵制于陕之机，三度进入河南。

明廷认识到在义军流动作战的情况下，全面围剿势难成功，便改用分区负责、重点进攻的方针。崇祯八年（1635）八月，以卢象升为五省总督，专治中原；洪承畴专治西北，各自负责，相互协同。当年冬及九年春，高迎祥、张献忠在河南连续失败，兵力损失过半，残部再返陕西。此时，李自成在兴平等地亦多次失利。

明廷为加强陕西攻势，令孙传庭全力进攻汉中的高、张各部，令洪承畴专力进攻陕北的李自成等部。崇祯九年（1636）七月，洪承畴率军在临潼大败农民军，起义军被围困在丛山之中长达三个月。高迎祥率部从陕西汉中突围，遭陕西巡抚孙传庭埋伏，在周至被洪承畴俘虏，并将其解京磔死。高迎祥余部走归李自成，起义军推戴李自成为闯王。

此时，清军入边，破昌平等16城，崇祯皇帝急调卢象升率军驰援，中原压力减轻。张献忠乘机复起，联合罗汝才等部20余万人，沿江东进，分散活动于蕲州、霍山一带。

崇祯十年（1637），崇祯皇帝再命熊文灿为五省总督，增派禁军1200人，组织新的围剿。李自成进军四川，一度破城十余座，并攻克甘肃的宁州、羌州，入七盘关，但在十一年（1638）返陕时，在洮河一带遭洪承畴及孙传庭军袭击，败走岷州。与此同时，张献忠在南阳亦为左良玉军击败，负伤退谷城。熊文灿遂改围剿为招抚。刘国能、张天琳、张献忠、罗汝才先后降明或接受安抚。李自成率残部活动于川陕边境山区。

崇祯十二年（1639）十月，陕西最后一股"贼军"——李自成部在流窜途中，被洪承畴令总兵马科、左光先领兵截击。李自成回师转东，洪承畴又令曹变蛟潼关设伏邀击，李自成大败，仅余18骑走入陕南商洛山中，农民起义陷入低潮。

洪承畴治军有方，镇压农民起义连连胜利，俘杀高迎祥，又多次打败李自成，统治阶级内部颂声大起，称洪承畴的军队为"洪军"。在取得一定战果之后，洪承畴向崇祯皇帝上疏请求留饷银20万两，一部分做军费，一部分赈济贫民。

三、京师告急

努尔哈赤死后，他的第八子皇太极继承了汗位。随后他大力整顿内政，发展生产，同时积极吸收汉族先进文化。他废除了四大贝勒共同治理朝政的旧制，自掌三旗，加强皇权专制统治。

崇祯八年（1635），皇太极命令多尔衮率兵征讨漠南蒙古，全面获胜，并得到了元朝的传国玉玺。在今天看来，这实在是一件不足为奇的小事，但在当时却是一件大事。皇太极为此非常高兴，因为在当时人们的心目中，它象征着天命所归，人们十分看重玉玺。明王朝建立政权后，元顺帝携玉玺北遁，明太祖和明成祖曾多次对蒙古用兵，其目的之一就是要夺回玉玺。名士解缙在上朱元璋的万言书中就曾说："何必兴师以取宝？"太学生周敬心在上给朱元璋的奏疏中也说："臣又闻陛下连年远征……为耻不得传国玺，欲取之耳。"明成祖朱棣虽然口头上也曾说"帝王之宝在德不在此"，但他心里实际上更急于要得到传国玉玺。因为按照传统观念来说，他的皇位是属于非法的，不合乎当时的礼仪制度，是通过武力从侄儿建文帝手中夺得的，得到玉玺可以改变他的篡逆者形象。因此，明成祖除了命丘福进行了一次大规模北征以外，他本人也亲自率师五征漠北，但最后抱憾死于回师的路上。在将近三个世纪后，这颗玉玺竟然被皇太极获得，这难道不是预示着皇太极将要成为天下共主吗？这极大地鼓舞了皇太极取代明王朝的信心，也极大地提高了皇太极对蒙古诸部的影响力，致使他们纷纷来归，愿意听从他的领导。皇太极本人原来没有想要那么快称皇帝，得到玉玺后，便加快了他称帝的步伐。他在得到玉玺的第二年正月即改国号为"清"，改"女真"为"满洲"，改年号"天聪"为"崇德",自己正式称大清皇帝。蒙古诸部也都承认他的尊位,这标志着自成吉思汗以来延续了428年的汗统宣告终结。从此以后,蒙古诸部仿照满洲八旗改编为蒙古八旗,和清兵共同对明王朝连续发动进击。由此使得崇祯帝所面对的北部局势更加严峻起来。同时,这也对李自成在西部的大发展起到了有力的支援作用。

蒙古诸部在归顺清前是明王朝的藩属,这时全部叛明投靠了清,无疑是对崇祯帝的一个重大打击。在皇太极征服了漠南蒙古后,漠北蒙古诸部也纷纷归附或通好。比如漠北的喀尔喀车臣汗就遣使来清,表示要友好相处,互通有无。皇太极又进一步统一了黑龙江流域,并且设官治理,征收赋税,将当地居民编入旗籍,称之为"新满洲"。至此,皇太极便建立起一个相当巩固的后方,解除了后顾之忧,从而可以大胆地向明廷发动强大攻势了。

在皇太极称帝后的第二个月,也就是崇祯九年(1636)六月,他派遣阿济格率领大军翻过喜峰口,向明朝发动大举进攻。巡关御史王肇坤虽然进行了奋勇抵抗,但终因势单力薄,寡不敌众,结果他本人战死,余部退保昌平。七月,清兵从天寿山后包抄昌平。崇祯帝得到消息后十分恐慌,立即命令张之佐为兵部右侍郎,前去镇守昌平,保护祖陵,命司礼太监魏国征前去守卫天寿山。魏国征态度十分积极,接到圣旨后马上就动身前往,但张之佐一连两天都没有做好准备,这就为崇祯帝重用宦官提供了口实。他对阁臣们不满地说："内臣即日就到，而侍郎三日未出，何怪朕之用内臣也？"阁臣们一时也无法分辩，只好点头称是。

清兵很快占领了北京近郊的昌平，京师大震。这使兵部尚书张凤翼十分害怕，因为这是随时要掉脑袋的大事。他害怕自己重蹈丁汝夔的覆辙。因为在嘉靖二十九年（1550）俺答内侵时，丁汝夔因未出师，后被嘉靖帝处死。他于是向崇祯皇帝主动请缨，自请总督各路援师北上抗击清兵。崇祯帝马上答应了他的要求，并赐给他尚方宝剑，白银万两，赏功牌五百。于大凌河降清不久又回归明廷的祖大寿，此时也率军来援，崇祯帝命令张凤翼督祖大寿南援霸州。清兵从霸州撤围，转而连续攻破了定兴和层山，并杀死了光禄寺少卿鹿继善。

保卫京师是当务之急，所以崇祯帝又马上命令卢象升从郧阳一带撤回，以保卫京师。当时卢象升和洪承畴正在分头进剿李自成农民起义军，并且都小有成绩。只是因京师告急，不得不暂时放弃对李自成农民军的围剿，率军北上。这为李自成在陕西的发展提供了喘息之机。崇祯帝任命卢象升总督宣大和山西军务，配合张凤翼共同抵抗清兵。这时其他各路援军也陆陆续续赶来，使清兵受到越来越大的压力。封藩在外的唐王朱聿键竟也率千余护卫军前来勤王。依照《皇朝祖训》，如果得不到皇帝的允许，藩王是不得率兵入京的。因此，当他要入京勤王时，被崇祯帝严厉拒绝，令他立即回藩。

张凤翼和总督梁廷栋在河北只是跟在清兵后边听之任之，清兵在河北一带攻城略地，为所欲为，抢劫了大量的财物。当清兵于九月从建昌、冷口北撤时，大小车辆满载着抢来的物品，从容出关。更使人气愤的是，清兵抢来许多年轻女子，让她们个个浓妆艳抹，坐在车上。有的还骑着马，鼓乐齐鸣，一副凯旋的景象。永平监军陈景耀实在看不下去，不顾他人劝阻，毅然率领自己的部下对清兵发动突然袭击，杀清兵一二百人。而张凤翼却怎么也不敢出战，眼睁睁地看着清兵从容撤去。

在清兵撤退时，守关将领崔秉德曾主张率兵出击，袭击清兵，以切断清兵退路，但监军太监高起潜却怎么也不敢进兵，只是说"当半渡击之"。依照他的话如果真的在半道袭击的话，也能够给清兵以打击，但这只是他的托辞，他并不敢半道截击，而是在清兵都走远以后才装模作样地下令追了一阵，"报斩首三级"。这实际上就等同于纵敌。

清兵这次内侵前后攻克十余城，饱掠而去。兵部尚书张凤翼和总督梁廷栋自知罪责难逃，先后服毒自杀。即使这样，崇祯帝仍下令刑部对他们进行议罪，张凤翼被罢职，梁廷栋被大辟。但由于二人已死，免于实行。

崇祯帝心里十分清楚，清兵这次饱掠而去，尝到了甜头，以后说不定什么时候又来了。他为此告谕兵部"练兵买马，制器修边，刻不容缓"，但却又不给兵部钱，怎么去执行呢？无奈，他下令向大臣借银，给他们开出借单，命"借武清侯李诚铭四十万金，发关治守备；借驸马都尉王丙、万炜、冉兴让各十万金，发大同、西宁；令工部借太监田诏金十万，治甲胄；借魏学颜金五万，治营铺"。崇祯皇帝只说借银，可用什么来偿还呢？崇祯帝给他们的说法是："候事平，帑裕偿之。"意思就是说，等内忧外患都平定了，国家无事，府库银两充裕了再偿还他们。但人们心里都很清楚，这实际上是光借不还。因此，有的人拿出一点来搪塞一下，有的就干脆推辞说家中没有多余的银子，崇祯帝对他们也无可奈何。因此，这种整饬边防的措施可以说并没有得到实行。果不出所料，两年后清兵再一次大举内犯。

崇祯十一年（1638）三月间，清兵在宣府北进行小规模的骚扰，游牧在张家口北的蒙古插汉部大约有六千骑兵，他们遣使请赏。杨嗣昌主张答应和他们进行互市，以防止他们死心塌地倒向清兵。崇祯帝憎恨他们反复无常，所以既不恢复旧赏，也不同意互市。杨嗣昌鉴于李自成等起义军的势力越来越浩大，因此内心支持对清进行议和。所以他在经筵上向崇祯帝进讲《孟子》时，着重强调孟子的"善战者服上刑"这句话，意思就是说对好打仗的要给予最严厉的处罚。崇祯帝听了很生气，严厉地训谕他："此后勿复尔。"由于多次议款误事，几个大臣还因议款而遭到惩治，所以崇祯帝对议款一事特别敏感。议款不成功，防务又不坚固，自然也就难以抵挡清兵的再次内侵。

九月，皇太极命令多尔衮、岳托率领清军分两路向明朝发动进攻，一路由墙子岭进入，一路从青山口进入。当时恰逢监军太监邓希诏的生日，蓟辽总督吴阿衡和总兵吴国俊都前去祝寿。忽然听到清兵来犯的消息，惊慌失措，调度无方。结果吴阿衡战死在密云，吴国俊战败而逃。清兵于是长驱南下。

崇祯帝听到消息后又惊又怒，吃惊的是清兵进军如此迅速，愤怒的是诸臣如此无能，毫无抵抗之力。他还是像过去那样，马上下令京师戒严。调辽东前锋总兵祖大寿紧急入援勤师，命卢象升总督各路兵马抵御清兵。崇祯帝在平台召见了卢象升，询问御清方略。卢象升回答说："陛下命臣督师，臣知有战而已！"这话一下子刺到了崇祯帝的痛处。因为此时崇祯帝内心想和清兵议和，表面上虽不言议和，但私下曾有过表示。他听卢象升这话脸色一变，以为卢象升似有所指，因此半天才缓过来说："朝廷从来没讲过议和，这些话只是外廷说说而已。"崇祯帝令卢象升和杨嗣昌共同商议御清策略。二人本来就有矛盾，卢象升主战，虽不符合杨嗣昌意愿，但他也不好阻挡，只是含糊其词地说："勿浪战。"

十月中旬，卢象升想分兵四路攻击敌营，与部下相约："刃必见血，人必带伤，马必喘汗，违者斩！"陈词激昂，泪如雨下。身任总督的太监高起潜出来阻止，要他慎重行事，不要轻举妄动。没过几天身为兵部尚书的杨嗣昌便来到军中，卢象升向他说了一通颇为激动的话："公等坚意抚款，独不闻城下之盟，《春秋》耻之乎？象升邀尚方剑，倘唯唯从议，袁崇焕之祸立至。公宁不念衰衣引绋之身，复不能移孝作忠，奋身报国，将忠孝两失，何面目立人世！"因为此时卢象升母亲刚刚去世，而他此次出师就是夺情视事，故自称"衰衣引绋之身"。这段话使杨嗣昌感到十分羞惭，只能支支吾吾地搪塞道："嗣昌从未言抚。"卢象升于是马上出师袭击清营，但没有成功。高起潜又在卢沟桥失败，京师更加危在旦夕。崇祯帝匆忙下令众大臣分守四周城门，并急调遣山东巡抚颜继祖移师德州，以示牵制，同时调洪承畴、孙传庭东出潼关，急援京师。洪、孙不得不暂时停止对李自成等起义军的围剿，而急忙率大军十五万入援京师。

当时，洪承畴和孙传庭在陕西一带围剿李自成等农民军连续获胜，并且张献忠已经在谷城投降，罗汝才也连续为官军所败，投降了官军。李自成是坚决不投降，但却连连失利，后在潼关南原一役中几乎全军覆没，只有十几人随他一起逃入商洛山中。假若此时洪承畴和孙传庭继续对李自成紧追不舍，李自成将很难再重新振兴，说不定以后的历史也将会是另一种样子。真是天无绝人之路，这时恰巧赶上清兵内犯，洪承畴和孙传庭接到紧急命令，被调去抗御清兵。这使李自成得以趁机休养生息，招集散亡，重新发展壮大了自己的力量。

十一月，清兵分四路攻掠，对京师却围而不攻。一天，崇祯帝召文武大臣于平台，议论战守。崇祯帝的最初意图还是老话题，即议饷，而结果是战是和倒成了议论的中心。皇太极愿意议和的意向勾起了杨嗣昌等人的幻想，他和高起潜等都主张议和。但多尔衮对杨嗣昌只是胡乱应付一通，故和议没有成功。此事泄露以后，外臣对此颇多微词。因此，当崇祯帝这天召对平台时，给事中范淑泰立即奏道："今清人临城，尚无定议，不知是要款要战！"崇祯帝打断他的话，问道："哪个要款？"范答道："外边议论纷纷。"他又举例说："凡涉边事，邸报一概不敢抄传，满城人皆以边事为讳。"原来，杨嗣昌为了使和议能够顺利进行，曾禁止传抄邸报。崇祯帝不知内情，只是说事关机密，自不许传抄。

卢象升兵力不足万人，又得不到朝廷的大力支持，还有杨嗣昌从中作梗，再加之严重缺饷，所以没有能力阻止清兵入侵。当清兵攻破高阳时，在城内闲住的孙承宗不屈自杀。清兵连续攻破了许多州县，在河北、山东一带四处攻城略地，如入无人之境，竟然遇不到像样的抵抗。保定一役，卢象升战死，此后，清兵迅速又占领了昌平、宝坻、清河等许多州县。

四、松锦沦陷

崇祯十二年（1639）正月，清军攻破济南，德王被俘，城内诸郡王都被杀，济南被焚毁抢劫一空。德王派心腹宦官王朝进从海路绕道广宁到京师，向崇祯帝报告情况。崇祯皇帝看到又一个藩王被俘，许多宗亲遇害，心里十分悲伤。崇祯帝正准备派人抚恤，御史汪承诏奏言说："宜火其书，勿令外传，王朝进宜编置远方。"目的是不要张扬，让德王"优游塞外，以终天年"，这样才能"可杜其凌侮"。崇祯帝此时也无可奈何，只得如此，最后，致使德王被俘后再也没有回来。

清兵攻克济南后，仍然是四出攻掠，直至攻掠到徐州附近。副总兵祖宽率领三百骑兵驰援济南，结果全军战死。祖宽是祖大寿的养子，骁勇善战，屡立战功，最后战死在济南郊外。与此同时，各路援军又纷纷向济南集结，祖大寿也从青州赶来。清兵避实击虚，转而向北攻破德州，向天津方向转移。三月间，清兵从青山口出塞，返回辽东。

这次清兵入犯五个多月，纵横驰骋二千余里，攻下州县七十多座，其中河北、山东受害最重。崇祯帝虽然常常收到各路官军战报，但事实上清军并未遭受任何重大挫折。但就对明王朝的打击而言，这次入塞超过了以往任何一次，是最为严重的一次。崇祯帝照例惩处了一些所谓失事的官员，但依然未对边防采取任何行之有效的措施。

皇太极在称帝前后多次内侵，掠夺了大批财物，几乎每一次都是满载而归。可是，他并没有全力攻打京师，也不敢长期立足内地。这是为什么呢？因为明军依然控制着山海关以及关外的锦州等地，再加之各地援军源源不断地前来夹击和人民群众的反抗，所以他们在饱掠后即退出关外。山海关是北京的天然大屏障，而锦州又是山海关的门户。皇太极要想夺取北京，并进而夺取全国，就必须先攻下锦州和山海关，此外别无他途。于是，清军在松山、锦州一带连续对明守军发动大规模进攻。

崇祯十二年（1639）二月，崇祯帝任命洪承畴为兵部尚书兼副都御史，总督蓟辽防务。经多年对洪承畴的考察，崇祯帝感到他确有才干，堪当抵御清兵的重任。另外，在洪承畴和孙传庭等部的合力围剿下，李自成等农民军的力量这时也都暂时处于低潮。所以，崇祯帝便调用洪承畴集中力量对付清兵。

洪承畴到达辽东后，整饬关内外防务，严明军纪，据说有一个姓刘的千总虚冒请功，洪承畴立即下令将他斩首。有的将领临阵脱逃，洪承畴断然将其处死。同时他又善抚士卒，软硬兼施，于是将士都非常听从他的命令，由此，关内外的防务大为加强。

当清兵在崇祯十二年（1639）退回辽东时，皇太极想趁机攻克锦州。

他亲自率领孔有德等降将前往锦州，并用二十七门红夷大炮四面围攻，连续攻打二十余日，始终没有攻下，不得不退兵。皇太极派人与明议和，明廷不答应，经过几次入塞也没有得到尺寸之地。锦州和山海关一线的防务又如此坚固，所以皇太极便不得不调整策略，不再急于入据中原，先确立关外的一统局面，然后再根据形势的发展徐图进取。于是，他就下定决心在宁远、锦州一带与明军周旋。

崇祯十三年（1640）三月，皇太极督清兵再次围攻锦州。此时，清军拥有六十门红夷大炮，又招募了千余善于爬梯登城者，用马匹驮炮而来，气势颇盛。祖大寿在锦州镇守，部下全部是明军精锐。他奋力率军抵抗，使清军"大半见败，大将数人亦为致毙"，甚至使得沈阳也人心惶惶，"行街之人，多有惶惶不乐之色"。清兵损失十分严重，皇太极最后不得不垂头丧气地退回沈阳。

皇太极经过一番整顿，决心对锦州发动更猛烈的攻势，一定要拿下锦州城。由于当时清实行屯驻政策，锦州实际上处于清的包围之中，属于一座孤城。祖大寿请求增加兵马，以加强锦州军事防务。崇祯帝担心清兵再次由蓟镇等地内扰，不愿减少蓟镇守兵以增援锦州。事实上，此时清的策略已经发生变化，把主要攻击目标放在宁锦一线，而崇祯帝对此却浑然不知。四月间，皇太极命令郑亲王济尔哈朗、武英郡王阿济格、贝勒多铎等合力攻打锦州，带来大批八旗兵和许多门大炮，开始对锦州实施更加猛烈的攻击。由于驻守锦州外城的蒙古兵倒戈降清，使清兵占领了锦州外城。祖大寿激励将士，一边顽强防守，一边向明廷紧急求救。崇祯帝匆忙命令洪承畴出山海关，援救锦州。洪承畴命吴三桂为前锋，出杏山，不料被清兵在松山和杏山之间将其团团包围，总兵刘肇基率兵援救，吴三桂才得以突围而出。双方死伤大致对等。副总兵程继儒临阵退却，被洪承畴立即斩杀于军中。此时，双方便以松山、锦州一带为战场，展开了一场持久而规模巨大的会战。

七月，洪承畴率十三万大军增援锦州。他采取步步为营的策略，以守为攻，不敢仓促冒进，扎营在锦州南约十八里的松山西北。济尔哈朗率领右翼八旗兵来攻击，结果被打得大败，有三旗营地被明军占领，人马死伤惨重。在随后一连串的交战中，清军连连受挫。遭到败绩的前线清兵接连向沈阳请求增援。清兵在前线的失败波及后方，"沈中人，颇有忧色"。皇太极心急如焚，"急得忧愤呕血，遂悉索沈中人丁，西赴锦州"。洪承畴十分明白，清兵绝不会就此善罢甘休，一定要作长远打算。于是，他便利用清兵暂退的有利时机，向前线急忙运输粮草等物资。明军的关外粮草等物资绝大多数都集中存放在宁远，明军便从宁远将粮草运往塔山、杏山，再转运至松山、锦州。洪承畴亲临前线，日夜承运粮草。祖大寿也从锦州派兵来中途迎接。到九月初，运至锦州的粮饷大致能支持到明年三月，松山的粮食可维持到明年二月。这样就解决了与清军长期作战的粮食问题，稳定了松锦之战第一个年头的局势。

九月上旬，洪承畴正打算兵分两路向锦州推进，此时多尔衮率领两万清兵来攻。双方在黄土岭展开一场大会战，互有胜负，各有损失。清兵屯驻在义州，救援及时，不容易在短时间内将其摧垮。洪承畴上书崇祯帝，请增调宣府、密云等处明军前来增援，以便来年与清兵决一死战。崇祯帝同意了洪承畴的提议，一边命令户部措饷，一边调遣援兵。

次年三月，清军大举进攻，在锦州城外四周设立八营，围绕营的四周都挖掘有深壕，壕边都建筑垛口，将锦州城团团围住。洪承畴督大军从宁远向锦州进发，稳扎稳打，步步为营，几次接战均有小胜。祖大寿在锦州日夜坚守，面对清兵的围攻，形势越来越危急，便派人到朝廷催促援兵。五月，崇祯帝召兵部尚书陈新甲于中极殿，询问救援锦州的计策。陈新甲请求派人前去与洪承畴面谈，于是就派其亲信张若麒到洪承畴营中督察。

张若麒到洪承畴军中后指手画脚，瞎指挥一通，"挟兵曹之势，收督臣之权，纵心指挥……而督臣始无可为矣"。于是，洪承畴就和张若麒产生了矛盾。洪主张稳扎稳打，步步为营，张"妄谓清兵一鼓可平，严促进剿"。这时崇祯帝也听信了张若麒的话，主张立即大举进击清兵。于是，崇祯帝便向洪承畴下达密诏，命令他迅速参战，洪承畴不得不立即率兵进击。

七月底，洪承畴将粮草囤于杏山和笔架山，自己率六万军队开始先行，余军随后前进。此时皇太极也获得情报，知道明军启营来攻，便亲督大军前来迎击，陈兵于松山和杏山之间。他集中优势兵力攻击洪承畴的援军，首先切断明军粮道，击败了护粮的明军，夺取明军囤于笔架山的粮草。这样明军不仅失掉粮草，而且又初战失利，军心开始动摇。洪承畴打算把驻守乳峰山的明军撤到松山。当明军撤退到半路时，大队清军突然袭击。明军接战不利，不得不边战边退，一直退到海边。清军奋力攻击，结果明军大败，许多人被淹死在大海里。明军"为清人所击，潮涨淹死，陆海积尸甚多"，只有一小部分人逃出，如吴三桂就逃奔到杏山。皇太极估计，明军刚刚失败，粮草又丢失了大部分，躲藏在杏山的明军一定会逃回宁远。因此，他便在松山和杏山之间的高桥设下埋伏，等待明军的到来。不出皇太极所料，往宁远撤退的明军果然钻进了清军的埋伏圈。明军虽仓促之间进行了一番抵抗，但终于大败，只有吴三桂、王朴等率少数亲信逃回宁远。清军在此役中歼灭明军五万多人，缴获战马七千余匹，甲胄近万件。清军的士气为之大振。

洪承畴这次大规模进击，不仅没有解了锦州之围，反而连自己也被围困在松山城中，身边仅有一万多残兵败将。洪承畴奋力组织了几次突围，但都没有成功，形势越来越严峻。他身陷困境，一边激励将士固守，一边向京师求救。崇祯帝听说洪承畴兵败被困于松山，十分震惊和忧虑，便召兵部尚书陈新甲等问应急之策。陈新甲到了此时也没有什么锦囊妙计，只是劝崇祯帝下令让洪承畴坚守。崇祯帝一边敕谕洪承畴悉心守城，一边命兵部遣兵援救。此时的明王朝已是残破不堪，危机四伏。内地李自成等农民军又重新活跃起来。关外的明军又连遭败绩，确实再没有可调之兵。十月，崇祯帝命叶廷柱为兵部右侍郎兼右佥都御史，巡抚辽东宁锦前线。而在这种状况下，叶廷柱已不可能再有什么作为。

十一月，辽东下起了大雪，天气奇寒。清兵粮草也已经快没有了，皇太极产生了撤兵的念头，于是便派遣降人入关送信。兵部此时正为辽东战事发愁，得知清提出议和，很是高兴。崇祯帝此时也正无计可施，又为了面子，遂允许兵部与清秘密联系。但清并没有撤兵，孔有德力劝皇太极不能撤兵，否则就会前功尽弃。皇太极接受了孔有德的建议，依然加紧对松山和锦州的围攻。

由于洪承畴被围困在松山，所以崇祯帝任命杨绳武为代理总督。崇祯十五年（1642）一月，杨绳武死去，崇祯帝又任命范志完代理。范志完派副将焦埏率兵出关增援，结果刚一出关就被清兵全部消灭。吴三桂在宁远收集了许多散亡，但始终未能组织起一支援军。再加上兵部尚书陈新甲此时正在秘密与清议和，对增援松锦也不十分积极，因此明军半年间并没有对松锦进行十分有效的救援。

此时的松、锦两城已到了山穷水尽的地步，粮草皆无，将士随时都有被饿死的可能。幸好洪承畴和祖大寿都是威望极高的将领，平时深受士兵的爱戴，他们想方设法激励部下，苦苦支撑着几乎没有任何指望的危局。崇祯十五年（1642）二月十八日，松山的守城副将夏成德暗地里向清约降，并派出自己的儿子到清营做人质，约定日期献城投降。由此松山一举被清军占领，洪承畴也被俘。防守锦州的祖大寿看到松山已经陷落，也于三月八日出城投降。

面对这大批的降兵降将，皇太极表现出了极其残忍的一面。除了洪承畴和祖大乐及其家人外，包括巡抚丘民仰、总兵曹变蛟和王廷臣等两千多人全被杀死。在锦州，降人共七千余人，除祖大寿和妇女小孩约四千人外，其余三千余人也全部被杀死。凡曾协助明军守城的蒙古将士，也均被清兵诛杀。祖大乐之所以没有被杀死，也是看在他哥哥祖大寿的面子上。

皇太极俘获了洪承畴和祖大寿，心里尤其高兴，把他们都带回沈阳。洪承畴身为明廷的督师大臣，懂得儒家的忠义之说，所以最初还表现得十分坚强，绝不下跪，死不投降。皇太极深知洪承畴是个富有谋略的难得之才，可堪大用，因此百般劝说。皇太极甚至"解脱御貂裘衣之"，说："先生得无寒乎？"洪承畴瞪着双目看着他，慨叹道："真命世之主也！"于是跪地叩头请降。皇太极大悦，当日赏赐无数，"置酒陈百戏"。洪承畴降清，成了清兵入关难得的向导。

但对于崇祯帝而言，松锦之战的惨败如同奄奄一息的老人又遭当头一棒。当时洪、祖二人所率领的将士都是明军精锐，本来具有相当优势，只是崇祯帝毫无主见，时而支持洪承畴的进兵策略，时而又听信他人流言，密诏火速进军，朝令夕改，一日多变，终于导致重大失败。这次失败使崇祯帝将老本几乎输光，"九塞之精锐，中国之粮刍，尽付一掷，竟莫能续御，而庙社以墟矣"。在这种状况下，朝中主张议和的人也越来越多，崇祯帝也希望通过议和来挽救这日已西斜的明王朝。

在两军对垒之际，战斗与议和都是手段，如果运用得恰到好处，都可以使自己立于不败之地。自努尔哈赤建立后金之日开始，与明廷有战，也不时有和。女真相对而言，是个少数民族，人口又少，长期臣属于明王朝，因此在双方议和的活动中，后金一直处于主动地位。而崇祯帝自视为天朝上国，议和乃是耻辱之举，故心里虽然想议和，但口头上也不说，总想把责任推给自己的臣下，致使朝野对议和之事都十分忌讳。

自崇祯十四年（1641）八月洪承畴战败于松山后，松山和锦州长时间处在清军的包围之中，明廷陷于危机之中，双方的议和活动遂又再起。陈新甲在这段时间内任兵部尚书，起初听信了张若麒的话，认为辽东一战可平。正因这样，他才力促崇祯帝用密诏督促洪承畴进击，结果大败。于是，他又转而支持议和的主张。

在广宁前屯卫任副使的石凤台得知清廷有议和的意向，在洪承畴刚败不久就派人前去清营，探听议和的可能性。清的守将回答说："此吾国素志也。"石凤台于是马上把此事报告给陈新甲，陈新甲将石凤台所说全都禀告了崇祯帝，用来作为"息兵"之策。这时言官也听到有关议和的事情，于是纷纷上疏弹劾。崇祯帝马上以石凤台"私遣辱国"，下令把他逮系狱中。辽东巡抚叶廷桂也由于支持石凤台，被崇祯帝指责为"漫任道臣，辱国妄举"，按照法律应当严惩，"姑息戴罪，图功自赎"。说实在话，此时的崇祯帝内心深处也是很愿意议和的，只是因为他以前曾多次重惩议和的大臣，在朝臣中弥漫着一种空气，议和就是卖国。再加之崇祯帝有一种虚骄心理，刚战败马上议和，好像太丢面子，因此对参与议和的这二人加以惩治和斥责。

这时不仅辽东的处境十分危急，中原地区也已经全部成了李自成农民军的天下。面对这种内外危局，陈新甲提出与清议和，以"专力平寇"，等到把中原的李自成等农民军平定以后，再与清一争高低。陈新甲把自己的主张暗地里告诉了新任三边总督傅宗龙，傅在离京去镇压李自成起义军以前，又告知了大学士谢升。谢升又私下与陈新甲密商，要他向崇祯帝进言，"谓两城受困，兵不足援，非用间不可"。有了内阁大学士的鼎力支持，陈新甲这才敢于向崇祯帝言议和事。除此之外，辽东在十一月间下了一场大雪，清兵前线粮饷遇到困难，皇太极也派人进关议和。于是，陈新甲便没有了顾忌，向崇祯帝提出议和的主张。这时崇祯帝仍露出一副不同意议和的样子，对陈新甲加以训斥，"切责良久"，然后又问内阁诸位大臣。这时周延儒入阁不久，心里也想议和，但不敢明确表示出来。崇祯帝征求询问内阁大臣的意见，目的是想在内阁大臣中找替罪羊，如果议和失败，就可将责任推在内阁大臣身上。周延儒老奸巨猾，他的话语模棱两可，其他阁臣也不明确表态，只有谢升说道："倘肯议和，和亦可恃。"崇祯帝沉默很久，事后对陈新甲说："可款则款，卿其便宜行事。"并嘱咐陈新甲严格保密，"外廷不知也"。

陈新甲给崇祯帝荐举兵部主事马绍愉，说马绍愉可承担议和重任。崇祯帝于是为马绍愉加衔职方郎中，赐予二品官服，命他前往清营议和。

皇太极对明廷遣使议和十分重视，请求用皇帝的亲笔书信作为信用。明廷所赐敕书中称：

> 谕兵部陈新甲，据卿部奏，辽沈有休兵息民之意。中朝未轻信者，亦因以前督抚各官未曾从实奏明。今卿部屡次代陈，力保其出于真心。
>
> 我国家开诚怀远，亦不难听从，以仰体上天好生之仁……

皇太极看过敕书后非常不高兴，因为这封敕书不是直接写给清廷的，而是写给兵部的。从语言上看，崇祯帝仍然摆出天朝上国的架势，像过去对待建州卫那样对待清廷。另外，敕书用纸颜色和规格也不符合规定，所以皇太极便指责这敕书是边将所伪造的，"必非明帝亲发"，对明廷的议和给予拒绝。他对明廷的使臣重申了同意议和的一贯主张："若和事果成，则何必争上下？但各据其国，互相赠遗，通商贸易，斯民俱得力田生理，则两国君臣百姓，共享太平之福矣！"皇太极在这里称"两国君臣百姓"，就是要清廷与明廷平起平坐，分庭抗礼。

去清廷送敕书的明朝使臣只好回明朝再换敕书，往返延误了好长时间。在这期间，清军接连攻克了松山等地，祖大寿投降，洪承畴被俘。这种战场上所带来的消息对明廷更为不利，清廷处在主动的进攻地位。崇祯帝为了显示明廷对议和的重视，特意派兵部司务朱济和马绍愉一块前往沈阳，使团近百人，他们于五月中旬才来到沈阳。皇太极对这次明廷议和十分重视，特命清朝大臣到离城三十里的地方迎接明廷的议和兵团，住于馆驿，礼部设宴，招待得非常好。当时清政府已征服了朝鲜，朝鲜已由明的藩属变成了清的藩属，朝鲜王世子被清军抓住，在沈阳当人质，他目睹了这次议和经过。清廷也不时将议和情况和内容通告于朝鲜王世子。当时明朝使臣还带着"四十余车"米，以作为"粮资之计"。这显然是担心清廷不给饭吃，不好好接待他们，结果清廷表现甚好，盛宴款待他们。这真使来议和的明朝使臣喜出望外。清廷内部对议和的意见也不统一，有些想让明割燕京以东，有些想割宁远以东，有的则以为明廷议和是假象，只不过是为了"缓攻克而待各边之征调"。降清的汉族官僚张存仁和祖可法向皇太极提议，通过议和应趁机最大限度地勒索明朝，以割让黄河以北为上策，割让山海关以东为中策，割让宁远以东为下策；让明称臣纳贡为上策，令蒙古各部索其旧额为中策，只许关口互市为下策。皇太极对此建议则表现得比较冷静，认为要明称臣纳贡绝对不可能，只要议和成功，仍愿意让明廷为上国，清廷仍居从属国地位。皇太极还给朝鲜国王致信，征求意见。从信中可以了解到，皇太极以为现在征服的地盘已很大，已足够统治，无意再事征战，也无意入主中原，只要能保住既得的地盘和利益，其他的事可以后再说。由于他深知崇祯帝一直反对议和，所以对此次议和的敕谕是真是假还有待进一步了解。经过洪承畴辨认后，确实是真，这才认真对待。当时清兵正在乘胜进攻宁远，和吴三桂对抗。由于明廷议和使臣已到沈阳，皇太极马上命令清军停止进攻宁远。

皇太极回复崇祯帝，同意议和，其条件除双方重新通好并互有馈赠外，双方要以宁远、塔山为界，在适中的地区开通互市，相互遣返逃人。信中还特别讲道："至我两国尊卑之分，又何必计较哉！"看来只要明廷持积极态度，皇太极还能够做出一些让步。而从这些条件看来，在当时的情况下也并非苛刻，而基本上是以双方军事占领区而分。

六月三日明朝使臣启程返京。在临行前清廷设宴钱行明使。"车乘风戒，刍粮悉备"，皇太极还赏给马绍愉等白银二百两，并把两车人参、貂皮进献给崇祯帝。皇太极对马绍愉说："秋初企听好音。若逾期不至，我当问盟城下耳！"这明显带有威胁的口吻，是不是要议和，要崇祯帝马上作决定，否则双方就要再次兵戎相见。

马绍愉一行来到宁远后，即迅速命人将议和情况秘密回报于兵部尚书陈新甲。议和的事情一直在秘密进行，崇祯帝多次提醒陈新甲，要"密图之"。但朝廷外的官员有的还是听到了一些风声，尤其是有些言官，纷纷上疏弹劾，认为是内阁大臣谢升的指使。为此，崇祯帝便罢免了谢升的官职，以堵众人之口。谢升的免职和离去使陈新甲的议和活动失去了阁臣的大力支持。陈新甲看过马绍愉的密报后，将之放于案上，"其家僮误以为塘报也，付之传抄。于是言路哗然"。此前外廷官员攻击议和的事还没来得及证实和调查，这样一来有了确凿的证据，众臣纷纷上疏弹劾。首先给事中方士亮上疏，其他上疏争论的人也大有人在。倘若崇祯帝在这关键时刻能毅然主持正事，公开告诉群臣，议和之事自己知道，这场风波还可能平息。但崇祯帝总想将此事推到别人身上，他一再追问内阁首辅周延儒，是否应该议和，周延儒也不敢负担责任，所以"终不对，上慨然起"。周延儒老谋深算，深知崇祯帝拿不定主意，喜怒无常，所以他始终保持沉默。崇祯帝只好将责任全部推到陈新甲身上，于是下旨指责陈新甲，命令他重新上奏。陈新甲不仅不承担罪责，"反自诩其功"。这使得崇祯帝更加生气，立即下令将陈逮捕下狱，交由刑部来定罪，以失陷城寨罪定为斩刑。周延儒上疏求免："国法，敌兵不薄城，不杀大司马。"崇祯帝却说："陈新甲职任中枢，一筹莫展，致令流寇披猖，戮辱我七亲藩，不更甚薄城乎！"崇祯帝知道在这里不以议和罪杀陈新甲，是难以服天下人之心；用陷城罪杀他，他又没把城池丢掉给清兵，只能用最近李自成农民军攻陷多城为罪名，强压在陈新甲身上。这显然是乱加的一个罪名，醉翁之意不在酒，其用意是要拿他当替罪羊。真是欲加之罪，何患无辞！崇祯十五年八月，陈新甲被杀，议和事也随之流产。这件事充分表明，崇祯帝存在严重的性格缺陷。这也正是明朝崇祯帝在位，许多大臣不敢尽心为国的原因。从当时总的情况分析，明王朝不是没有人才，只是崇祯帝不爱惜人才，用人多疑且总是出尔反尔，遇事推脱责任，所以大臣们个个自保，不敢大胆做事。对于一个最高统治者来说，这是一个致命的弱点。

这次与清廷议和失败对明王朝的影响很大。如果议和成功，明王朝便可得到喘息机会，一方面整饬边防，另一方面又可以避免两线作战，可以集中精力对付李自成农民军。倘若如此，李自成农民军也不可能如此快就进驻北京，清兵的入关事件也不会发生，可能会改写明末以后的历史。崇祯帝也希望议和，议和条款对明朝非常有利，只是由于某些细节，就不惜毁约和诛杀大臣，视国家人民的命运于不顾，这不能不说是令人痛心的一幕悲剧。

陈新甲被杀后，崇祯皇帝命冯元飙接任兵部尚书。冯元飙深知形势危急，内忧外患，他本人治军无术，又不敢公开推辞，便假装生病，上朝时假装头晕目眩，倒在廷上，叫人抬回家中。了解底细的人"皆嗤其为细人伎俩，辱朝廷而羞当世"。冯元飙为了保全自己性命，耍些小阴谋而受世人嘲笑，这也反映了当时明朝大臣的一种普遍心态。

清兵从崇祯十二年（1639）三月出塞后，近四年没有入塞内掠。这主要是因为洪承畴和祖大寿等在松锦一带与清相互对峙，清兵一度专注于这事，无心内犯。现在洪承畴、祖大寿都战败投降清军，议和又以失败告终，皇太极"秋初企听好音"的愿望未得以实现，而山海关又一时半会难以攻下，清军遂决定再次大举入塞内掠。崇祯十五年（1642）十月中旬，皇太极命贝勒阿巴泰为奉命大将军，率大军征讨明朝。皇太极还嘱咐清军入塞后要严明军纪，然后大军浩浩荡荡地杀向明朝边塞。

五、皇太极驾崩

皇太极这一生中，可谓要风得风要雨得雨，可偏偏有个人生中最严重的遗憾。爱妃宸妃（海兰珠）为他孕育的爱子连正式的名字都没有，就在新年骤然夭折了，他已然非常伤心。他盼望着宸妃能再为自己生下一个儿子，谁知道宸妃思儿成疾，不但没有生育，反而身体一天天消瘦下去，香消玉殒之际都没能见上最后一面。皇太极经受着丧子失妻之痛，在极端大喜大悲中健康大不如前，忽然减食，常常"圣躬违和"。

虽然大清的国事蒸蒸日上，取得了松锦战役的巨大胜利，关外四座重镇全部归属清朝，关外障碍已经扫除，挥师入关、逐鹿中原指日可待，但战争和胜利仍没有使失去宸妃的皇太极宽慰多少。

对宸妃的思念和忧伤，严重损害了皇太极的健康，以致他的身体日渐衰弱，甚至连日常朝政也"难以躬亲办理"。直到海兰珠去世已一两年之久，他都无法控制自己的感情，始终郁郁寡欢。长期的哀恸严重损害了他的健康，历史记载中对此多有反映。

如当时留在皇太极身边的朝鲜王世子在《沈阳日记》中记载：皇太极十月二十七日冒雪吊祭宸妃墓前，追封宸妃为"敏惠恭和元妃"，对宸妃予以很高的封赠、赞誉，更可见皇太极忆念之深。此后常常去宸妃墓前哭祭。

对宸妃的魂牵梦萦，使皇太极难以自拔，频繁地请僧道人等为宸妃布道诵经，超度亡魂，举行各种祭典活动寄托哀思。

可是皇太极毕竟是一国之君，有属于他的责任。每日追思怀念宸妃，忧伤过度，诸王、大臣看在眼里，急在心里，深恐皇帝愁坏身体，于是王公大臣请他外出打猎散心。皇太极又像往常一样，出猎归来时不忘经过宸妃的墓园凭吊一番，结果这场散心适得其反，皇太极又是一场号啕大哭，重新陷入极度悲哀之中。

要说皇太极的爱心完全在宸妃的身上，真是一点也不过分。皇太极在她的身上倾注了太多的感情，可谓福命不能两全，宠妃红颜命薄，这也成为皇太极心中永远的伤痛。

清崇德六年（1641），皇太极因身体不好，曾发布过大赦令，也减少了处理日常事务的负担，甚至做过祈祷。崇德七年（1642）十月初二日，他对诸王及他们的妻子儿女说："山峻则崩，木高则折，年富则衰，此乃天特贻朕以忧也。"善于谋略的皇太极什么时候这么消极过？可见已露出了英雄末路的无奈。皇太极自己也认识到堂堂大清国主不能为一个女人如此神魂颠倒，应以国家大事、天下苍生为重。

崇德八年（1643）六月起，皇太极恢复正常政务活动，亲自处理国事。

六月初，征明大军胜利返回盛京，奖功、罚罪、收缴战利品、恩养新附降人、招待前来朝贺的蒙古各部王公等，皇太极事必躬亲，应接不暇，而且越来越繁忙。自七月底以来，每天都要忙几件事情。进入八月，他的主要活动日程几乎是超负荷运转。

八月初，即皇太极逝世的前几天，诸王、群臣、蒙古各部纷纷上表朝贺征明大捷，客人们要进献牛马、貂裘等礼物，或上表称贺征明大捷时，皇太极必须亲自出面，率皇后、诸妃在崇政殿接见，并赐大宴款待，或分别赏赐银两。在这期间，如果遇到重要紧急的事件，还要亲自处理。

八月初八这天，是大清国的喜庆日子，也是皇太极最高兴的时刻。大臣们和后宫嫔妃也都希望通过这些喜事，能让皇太极心情舒畅。

这天皇帝要亲自主持两件大事。先是赐固伦额驸祁他特和弼尔塔噶尔诰命、仪仗，并赐皇后亲生的皇三女及庄妃亲生的皇四女固伦公主封册和仪仗。接着，要亲自主持庄妃所生皇五女固伦公主阿图下嫁和硕额驸索尔哈的结婚仪式，显得格外忙碌。已婚的皇长女、皇二女、皇三女、皇四女以及除皇二女固伦额驸以外的其他固伦额驸全部到齐，阖家大团圆，宫中热闹空前。

八月初九，即皇太极逝世当天，又忙碌了一整天。

他分别赏赐土默特部落前来贡马的甲喇章京大诺尔布、小诺尔布，牛录章京根都、俄博尼、兀苏木、达赖等十五人及其从役人等貂帽、貂镶朝衣、带、靴、银两等物；赏赐车克车木章京所属诺木习礼和从人银两，因护送格隆喇嘛来盛京有功。

接着，他同皇后、诸妃，在崇政殿召见嫁给察哈尔、科尔沁、敖汉蒙古的女儿固伦公主们。从多罗饶余郡王阿巴泰征明所获的缎匹财物中，选择最好的赏给科尔沁来朝的福妃、贤妃和固伦公主、诸福晋等。

这时皇太极的脸色有些难看，但他并未在意，又召见了刚从前线归来的多尔衮，询问山海关、宁远一线的明军布防情况。多尔衮据实回报。

渐渐地，皇太极感到有些目眩，喝了点参汤，闭目停思，叹了句："脑力不及啊。"

大学士范文程看在心里，隐觉不安，上前奏道："皇上道德醇厚而齐备，凡心劳则气动。愿皇上清心定志，一切细小事务，交付部臣处理，至于军国大事，方许向皇上报告。况且，大业将成，外国来归，正是圣心安慰欢悦之时，也可稍停忧劳。此时兵强食足，皇上可否选佳日出游巡猎，以慰圣心？"

皇太极睁开双目，叹道："山峻则崩，木高则折，年富则衰，天命不假人长寿，何以自求？"说罢，自己倒是先笑了——这句话，他时常挂在嘴边，说了已不止一次了。

直忙到退朝，皇太极才回到后宫。不过，刚至清宁宫门前，皇太极又转身吩咐内官道："传朕的话，晓谕众臣工。朕日理万机，非好劳也，那是因部臣不能分理，是用躬自裁断。今后各事，可令和硕郑亲王、和硕睿亲王、和硕肃亲王、多罗武英郡王合议。"随即，步入清宁宫东暖阁，在南炕上休息。

就这样，崇德八年（1643）八月初九日晚十时左右，皇太极突然停止呼吸。

《清实录》写道："是夜亥刻，上无疾，端坐而崩。"在位17载，享年52岁。清代官修史书，几乎都依据《清实录》说清太宗皇太极是"无疾而终"。

从现代医学考虑，不管是正史中说的"无疾而终"，还是野史上记载的"暴死"，都反映出他死前毫无征兆，死得比较突然。现在的种种资料和迹象都表明，皇太极猝死的直接原因是高血压引起的脑出血，也就是我们通常说的中风。

皇太极的死是由多方面的原因造成的。

皇太极一生最擅长的就是谋略，不过最要命的也是谋略。长期忧劳军国大事，让他心神极为紧张，像受尽压迫的弹簧。早年随其父努尔哈赤在统一女真联合蒙古的斗争中纵横驰骋，为建立后金立下汗马功劳。起兵反明后，面对强大的敌人，压力增大，身体处于高速运转之中。他还凭着他的"谋略"，在既非长子又无遗命的情况下从16个兄弟中脱颖而出，顺利继承汗位。又用了六年的时间零敲碎打，挤掉了其他三位手握重兵和他平起平坐的兄长，实现了"南面独坐"。让努尔哈赤大为头痛的袁崇焕，被皇太极施离间计，借崇祯之手除掉了。

正史记载的表现其"智慧"的事情，看似轻松，但每一件都需要冥思苦想、费尽心机。35岁继位之后，作为大金国主的大家长，他对内对外事必躬亲、忧国忧民，其紧张程度更是无以复加。身体长期透支是他致病的重要原因。

还有一个原因就是皇太极身形巨肥，这是导致高血压的一个危险因素。皇太极昭陵陵前的石像中有一对石马，就是"昭陵二骏"，相传是仿照皇太极生前喜爱的坐骑——"小白"和"大白"雕成的。皇帝的马都是马中极品，何况是这么一个在马背上得天下的开国皇帝。但小白驮着他只能日行百里，大白仅能日行50里，只因"坐骑不耐"，从这里我们可以看出皇太极有多胖了。另外，我们从沈阳博物馆里清太宗的画像也可推测一二。博物馆里至今还保存着他当年穿戴的盔甲，据说就是几个人抬着也非常费力，何况还要披甲上阵、冲锋杀敌。

本身就繁忙劳累，又因为痛失爱妃幼子而长期沉浸于忧伤，身体肥胖亚健康，再加上逝世当天会见亲人时的感情激动，都会引发血压升高，病情突变。说不定那天晚上，他已经感觉到有些不舒服，但在大喜的日子里，不便声张，硬撑着，结果猝死。

第七章　李闯王称帝

一、叱咤李闯王

在这里，我们该说说李自成了。

李自成，1606 年生于陕西米脂县，早年家境还算是小康，不过一场蝗灾让他的生活从小康一下变成了赤贫。少年时期，李自成家的家境有些好转，不过母亲去世了。他跑到延安府上，拜了一个叫罗君彦的武林高手，学习武艺。十八岁那年他结了婚，娶妻韩氏，不料她前脚进门，李自成的父亲后脚就死了。因他不善理财，家境再次趋于赤贫。他去一家酒肆工作没几天，老板就发现他时常小偷小摸，便将他解雇。他跑到一个财主家干农活，没几天，财主发现存粮锐减，又将李自成炒掉了。

转眼他已经二十一岁了，成为银川驿的马夫，吃起了公家饭。但命运再次在他身上显示了"奇迹"：从他上任那天起，由他负责照管的驿马就开始一匹接一匹地死掉，按照大明律，这些死马都必须由李自成照价赔偿。昏头涨脑的李自成，就先上路去送公文。到了地方一摸，那封重要的公文竟然被他给弄丢了！

正当他欲哭无泪的时候，又听到了一个爆炸性的坏消息：米脂县的一个衙役，名叫盖君禄，又称盖虎儿，和他老婆有一腿。为了证实这种流言蜚语不是真的，他对老婆撒了个谎：我要出差。没想到半路折回后，听到自家女人和盖虎儿正"你是风儿我是沙"。闹将出来的结果是盖虎儿逃走，老婆被杀，左邻右舍将其扭送县衙大堂。

人证物证俱在，没啥说的，打入大牢，秋后问斩。就在这叫天天不应叫地地不灵的时候，他侄子"一只虎"李过也赶了来，他到处借钱，四方行贿，想救自己的叔叔出来。用了一个落俗套的法子：跟狱卒套近乎，将其灌醉后，来了个"狸猫换太子"，把李自成救了出来。

李自成踏上了逃亡之路，不过也并未急着落草为寇，而是参加了正牌军——投在甘肃巡抚梅之焕麾下，当上了一名总旗，下辖五十名士兵，加入了追杀农民起义军的行列。战场上他大显身手，打得闯王高迎祥落花流水，落荒而逃，李自成因功官升把总。

这一次，官兵队伍浩浩荡荡过了兰州，抵达金县，在这儿，历史发生了重大转折。

队伍来到了金县，这县令既不出来迎接，也不拿东西犒赏。大伙看不下去了，闹将起来说要攻打金县。县令无奈，从城墙上吊下去一百两银子。前面的兄弟是心满意足了，后面的兄弟却连毛也没看着。一怒之下，干脆攻破金县，冲入城中，揪出县令来一顿痛打。然后开始挨家挨户地砸门搜索，不信就找不出金银来。

正里里外外地忙乎着，参将王国来了，一瞧这情形，顿时火了："你们这是干什么？扰民滋事，殴打县令，你们是不是拿自己当农民起义军了？眼里还有没有王法？统统给我拿下！"说着就要就地正法。这六个带头滋事的士兵中有李自成的结义兄弟，所以他是绝对不能袖手旁观的。

李自成低声下气地求情，王国眼睛一瞪："大胆李自成！你要造反不成？"

一听这话，李自成灵光一闪，登高一呼："兄弟们，王参将不体恤部下，要拿兄弟们的脑袋祭旗，今天砍的是这几个兄弟，明天就是你和我，我们能坐以待毙吗？"被李自成一忽悠，在场的三百名官兵一起鼓噪起来，杀了王国，正式脱离了官兵编制，成为农民起义军中的一支。

二、明廷危亡

李自成农民军这段时间在中原地区得到空前的大发展。李自成于朱仙镇大败左良玉，三次攻打开封，孙传庭在郏县被李自成击溃。李自成从河南入湖北，在襄阳建立政权，大振声威。内地失城丢地的战报连续不断地报送给崇祯帝，而清兵又开始大举内犯，使明廷陷于两面受敌的不利局面。

崇祯眼看着战事连受重挫，心急如焚，便对各要地防务重新进行部署。他命范志完为督师，总督蓟、辽、昌通等处军务，同时还节制登州、天津等地。如果辽事紧急则马上移师关外，关内紧急就飞驰入援。关内外且设二总督，关内总督为张福臻，范志完经常驻师关外，加督师衔，在张福臻之上。另外，崇祯帝意在昌平、保定增设二总督，"于是千里之内有四督臣"。除督臣外，崇祯帝又在宁远、永平、顺天、密云、天津、保定设六巡抚，又在宁远、昌平等地设八总兵，"星罗棋布，无地不防，而事权反不一"。不久，有的言官弹劾张福臻昏庸不能接受此重任，崇祯帝于是罢免张福臻，命范志完移驻山海关，关内关外防务由他全面负责。此责任重大，范志完接连上疏请求辞任，崇祯帝不答应。范志完请求辞任官职回家住，反倒被崇祯帝责备一顿。他又极言绝不能兼督关内防务，一个多月之后，崇祯帝才命赵光抃分管关内防务。就在明的防备措施还没就绪的时候，清兵已从墙子岭大举入塞了。范志完也早已预料到清兵难以抵抗，很想辞职，但他没有冯元飙那种计谋。

崇祯十五年（1642）十一月，清兵由墙子岭入塞，连续进犯迁安、三河等地，然后兵分两路，一路到通州，一路到天津。清兵又赶紧攻克重镇蓟州，然后又分兵攻掠真定、河间、香河等地。于是，北京周围又一次陷入烽火连天的战事中。崇祯帝听到战报十分惊恐，也为和议没成导致清兵再犯而苦恼。他照例急忙宣布北京戒严，命勋臣分别驻守九门。

闰十一月，清兵从河北攻入山东。首先攻占了临清，又大举进攻东昌。总兵官刘泽清与清兵在东昌展开了一场激烈战斗，最后清兵撤去，向西进攻冠县。清兵接着又南下，攻掠泗水、邹县一带。

十二月，清兵进入河南东部，攻克了滑县等地，这里已十分接近李自成的地盘。当时李自成于河南南部一带转战，却从没见清兵和李自成农民军有任何接触和联系。清兵接着又返回鲁西，攻下曹州、济宁等地，接着开始准备攻打重镇兖州。因兖州是鲁王藩封的地方，所以有重兵驻守。经过一番激战，兖州终于被清兵攻陷，知府邓藩锡、副总兵丁文明等守城官员都死在战场。令崇祯帝十分伤心的是，鲁王朱寿镛被俘后自杀。从明太祖朱元璋分封藩王以来，很少有藩王被起义军或外敌俘杀的事发生。只是到了崇祯年间，各地才发生藩王接二连三地被俘或被杀的情况。这不能不让崇祯帝深感内疚。这次对鲁王的被俘和自杀之所以特别伤心，是因为他好像从鲁王的遭遇中隐约发现，自己的末日已为时不远。

接着清兵马上向山东东部攻掠，德州、寿光、莱阳等地都相继被清兵攻陷。到此为止，河北、山东和河南东部都惨遭蹂躏。

当清兵入塞后，总督范志完急忙率师入援。范志完不是十分勇敢有策略的人。虽说入援，但他胆怯不敢奋战，担心打败仗，所以大都是跟在清兵的屁股后边转。兵部官弹劾范志完疏忽防守，致使清兵再次入塞。一些言官弹劾他懦弱无能，请崇祯帝对他严加定罪。崇祯帝这次接受了逮治袁崇焕的教训，所以没对范志完马上治罪，"帝以敌兵未退，责令戴罪立功"。但范志完实在胆怯没有谋略，对清兵终"不敢一战"，给清兵四处攻掠创造了机会。

崇祯十六年（1643）春天，清兵从山东进逼到北京附近。崇祯帝一筹莫展，眼望着清兵四处攻掠。内阁首辅周延儒也惶惶不可终日，内阁大学士吴甡刚奉命去镇压李自成农民军，周延儒也只好自己请率师出征，前去抗击清兵。崇祯帝非常高兴，马上"降手敕，赐章服"，并赐给大量金帛，以供周延儒奖赏将士之用。周延儒出京后，驻守通州，

"唯与幕下客饮酒娱乐，而日腾章奏捷"，因而从崇祯帝那里求得不少赏赐。

清兵在四月底北撤，五月初出塞。崇祯帝虽严加命令"各督抚扼剿勿逸"，但各将领还是都拥兵观望，有的则在清兵撤退时故意装着追上一番，然后"饰功报捷"。清兵带上掠夺所得满载而归，而又从容出塞。明军在抵御清兵方面表现平庸无能，但在劫掠方面要强于清兵。明官兵军纪败坏，趁火打劫，祸害百姓，这也是明军屡战屡败的一个重要原因。

清兵这次内犯长达七个月，先后共攻陷三府、十八州、六十七县，共八十八城，俘获人口约有四十万，另外，还掳掠牲畜三十余万，同时还劫掠了大量财物。清兵此次内犯较前几次造成的破坏都要大，攻城略地之多也超过了以前任何一次入犯。这次内犯的用意很明显，目的是想把明王朝拖垮，而并不是为了占领京师。这充分说明了，皇太极并没想在短期内灭亡明朝。正像皇太极说的那样："城中痴儿，取之若反掌耳。但其疆圉尚强，非旦夕可溃者。得之易，守之难，不若简兵练旅，以待天命可也。"后来康熙皇帝也曾言及此事："太祖、太宗初无取天下之心，尝兵至京城，诸大臣咸云当取。太宗皇帝曰：'今取之甚易，但念中国之主，不忍取也。'"以上康熙皇帝的话中不免有些粉饰太平的内容，确实不如皇太极的话更切合实际，也就是说当时灭亡明王朝的条件还不成熟，

"得之易，守之难"，所以还要等待机会。

清兵这次内犯完，崇祯帝还是照常对那些所谓失事的官员严加惩处。总督范志完辞官没有得到允许，这次却落了个被斩首的下场，刚上任的掌关内兵事的总督赵光抃也被处死。另外，还有巡抚马成名、潘永图和总兵薛敏忠等都被处斩。周延儒自己请求带兵出征，没有多长时间，清兵就撤退了，他连续上疏报捷，所以开始还受到崇祯帝的奖赏，不久便受到别人的弹劾，指责他蒙蔽朝廷，崇祯帝于是将周延儒职务罢免，然后又将他赐死。到此，崇祯帝的末日也就快到了。

在农民军和清军的两面夹击下，明王朝已到了奄奄一息的境地。面对天下这种日益崩溃的局势，崇祯帝左支右绌，越来越表现得力不从心。他接二连三地更换内阁首辅，希望能找到一个合适的官员来挽救朝廷危亡，结果却使政局变得越来越坏。他自认英明，为政察察，对文武大臣动辄诛戮，结果却是赏罚不公，人人自危。他感到外廷臣僚不可信任，就变本加厉地重用宦官，其结果是局面更加不可收拾。当李自成农民军逼临京师时，这些宦官都成了投降的带头人。崇祯帝不时发出无可奈何的哀叹："君非亡国之君，处处皆亡国之象！"

从崇祯十年（1637）内阁温体仁去位，到崇祯十四年（1641）周延儒再次入内阁，四年时间换了五个首辅，一个首辅任职不足一年。首辅掌管着中枢大权，这样频繁更换，当然谈不上久任责成，所以这些首辅都表现得庸碌无为。张至发继任温体仁做首辅，不久被罢职，以后陆续由孔贞运、刘宇亮、薛国观、范复粹为首辅。在这四年中，李自成农民军力量日益壮大，占领的地盘越来越多，管辖的范围越来越大，再加上清兵不断内犯，明廷战和举棋不定，而朝野却党争不息，借机发难，朝政日益败坏。

自从崇祯帝即位做了皇帝后，首先铲除了宦官魏忠贤，然后又撤回各地监军、镇守等内臣。这些举措给天下臣民带来了诸多希望，天下百姓苦苦企盼国家得到大治，以为崇祯帝终于改变了前朝那种重用内臣的局面，政治由此会变得清明起来，国家中兴大有希望。可是，人们今天又看到，随着李自成等农民军逐渐强大和天下越来越崩溃，崇祯帝随之又变本加厉地开始重用内臣。他抬高东厂权势，威制和打杀天下臣民；派遣宦官出任监军、镇守，统领天下兵马，使得武臣憋满怨气；他甚至还派遣宦官统辖户、工二部，监理天下财政。由于遭到臣下的一再反对，崇祯帝重用内臣的状况有过几次变化，但总的趋势是，宦官的各种权势越来越大，干预的范围越来越广。其结果，使得天下的局面更加破败不堪，李自成农民军的力量更加强大，明王朝更加迅速地走向灭亡。

崇祯帝在位十七年，说辛苦也确实是辛苦。他原本想有所作为，再现明王朝的中兴大业，但实践证明，他并非是一个中兴之君。

崇祯帝和其他众多最高统治者一样，具有双重人格。一方面，他刚愎自用，自作英明。他吊死煤山的前两天，也就是崇祯十七年三月十七日，他还在御案上写道："文臣个个可杀！"密示内侍，随即抹去。实际上还是把亡国的责任都推诿给臣下，认为自己毫无过错。另一方面，他又时常下"罪己"诏，把天下的祸乱和灾异都说成"皆朕之罪也"，并能减膳撤乐，自称修省。他这样做的确迷惑了不少臣下，连李自成竟也说"君非甚暗"，不骂崇祯帝而大骂他手下的大小臣僚。他汲汲邀誉，最终断送了大明的江山。

三、建元永昌

自从孙传庭败亡后，明朝已再没有可以用来对付李自成的兵力，所以李自成在陕西一带的进展基本上是顺利的。有时虽也曾遇到较顽强的抵抗，但官军守将大都是出于不愿投降的缘故，表明自己忠于明廷，而不是出于对客观形势的分析，因而很快都失败了。因为李自成的兵力越来越势不可当，所向披靡。官军依据孤城拒降，一天两天尚可，怎能长期坚持呢？因为在力量对比上，官军实在太弱了，而外边再也没有可以救援的军队。顽抗与否到头来都是以失败告终。即使抵抗，也毫无战斗力，只是苟延残喘而已。明廷大臣心里也都清楚，局面已到了不可收拾的地步。崇祯皇帝对此已经气急败坏。他命兵部右侍郎余应桂接任三边总督，命御史霍达监军陕西。余应桂闻命饮泣，到殿上辞别时流着泪对崇祯皇帝说："不益兵饷，虽去何济！"崇祯皇帝沉默了半天，才答应拨给他五万两银子用作军饷。余应桂虽率师出了京城，但他知道大势已去，不可能再挽回局势，便迁延不进。崇祯皇帝听到消息后大怒，立即将他革职查办，命新任陕西巡抚李化熙接任。这种任命等于一纸空文，李化熙也同样是不敢前进。而此时的霍达也是无地就任，无一军可监。

在这种形势下，李自成接受了谋士们的建议，决定正式称帝。这就可以使自己的政权更加正规化，同时也可以进一步扩大自己的影响，为将来夺取全国政权奠定坚实的基础。

据史料记载，当李自成准备称帝的前几天，曾默默向上天祈祷："某日晴朗，则天与我矣！"希望元旦即位那天能是个晴朗的日子，给大家一个吉利的印象，以鼓舞部下的士气，增强夺取天下的信心，就如同上天要李自成当皇帝，以取代昏庸腐朽的明王朝。可是，崇祯十七年（1644）元旦这天却是个坏天气，凛冽的北风呼啸着，天空阴沉沉的，看不到一丝阳光，鹅毛般的大雪下个不停，老百姓都躲在家里不敢出门。李自成看到天气如此，心里很不是滋味，一气之下甚至想取消称帝仪式。

一些大臣看到李自成如此状况，感到十分害怕。不取消吧，这种天气好像不大吉利；取消了吧，也会给天下人落下个成不了大事的话柄，会使人心瓦解，感到两难。正在此时，一个谋士呈给李自成一副对联："风云有会扶真主，日月无光灭大明。"李自成看到这副对联后马上转忧为喜，不再犹豫，决定按时即位。事实上李自成并没有在西安正式称帝，是否与当时的天气有关，这也很难说。

崇祯十七年（1644）旧历正月初一，李自成正式在西安建国，国号"大顺"，年号"永昌"，以这年为永昌元年，李自成因此也改名为"自晟"，称顺王，仍没有正式称皇帝。由于这年是旧历"甲申"年，大顺政权就创立和使用"甲申历"。

李自成也如同先前那些新立的帝王一样，自己的曾祖以下，皆追加谥号。以西夏时的远祖李继迁为"太祖"，册封高氏为皇后，陈氏为贵妃，并规定一切文书都要避讳十个字，即：海、玉、光、明、印、受、自、务、忠、成。由于在西安建国，便把西安称为西京。

李自成对官制也重新加以更定。他仿照明朝内阁制度，任命牛金星为天佑殿大学士。最初设置的六政府只设有侍郎，未设尚书，这时都增置了尚书之职：宋企郊为吏政尚书，陆之棋为户政尚书，巩焴为礼政尚书，喻上猷为兵政尚书，其他刑、工二政府尚书由原来的侍郎升任。另外还增置学士、弘文馆、文谕院、谏议、直使从政、统会、尚契司、验马寺、知政使、书写房等衙署和官职。

李自成还恢复了中国古代的五等爵制，用以封赏功臣。刘宗敏、田见秀等九人被封为侯爵，刘体纯等七十二人被封为伯爵，还同时封子爵三十人，男爵五十五人。李自成对有功将帅各分级赏赐，如刘宗敏等主要将帅，每人赏赐珠宝两升，白银一千两。

地方官的设置也有所变化。李自成将地方政权改省为州，把天下分为十二个州，只是在全国未统一以前暂不实行。大顺政权在省一级设节度使一职，等同于明廷的巡抚；另设巡按直指使，等同于明廷的巡按御史。府、州、县各级官吏的设置基本上与李自成建立襄阳政权时的设置相同。

在经济方面，李自成在自己的占领区域内仍实行"三年不征"的政策，所需粮饷都是通过向明代旧官僚和一些豪绅大户"追赃助饷"来解决。与此同时，大顺政权也开始铸造自己的钱币，以平抑物价，规定大钱值白银一两，次等者相当于十钱，再次者相当于五钱。

大顺政权在军制上也基本上沿袭了襄阳政权时的名号，只是稍稍进行了一下调整。李自成下一步的目标就是要夺取全国的政权，因此他在军纪上作了更加严格的规定："有一马儳行列者斩之，马腾人田苗者斩之。"当时"籍步兵四十万、马兵六十万"，操练部队时"金鼓动地"，威武雄壮。李自成看到自己拥有这么多兵马，个个精神抖擞，不禁喜形于色。

李自成为了广泛收罗人才，以充实大顺政权的各级官署，下令在西安开科取士，以宁绍先为考官。这次的考试题目是《定鼎长安赋》。扶风举人张文熙获得第一名。大顺政权规定，在科举考试中，不再使用八股文体而改用散文体。我们早已知道，八股文不能真正反映出士人的才能，反而严重束缚了读书人的思想，其弊端已为越来越多的士人所识透。李自成废除八股文之举应该说是一个很大的进步。所考内容虽仍含有经义，但大顺政权更侧重于策论，也就是对时局的看法以及主张。张文熙的策论就是一篇指斥明廷和崇祯帝过失的檄文，因而，最终他考取了新科第一名。

弘文馆学士李化麟等撰拟文章，为李自成"颂功德，张形势"，揭露明王朝的腐朽政治，号召各地官员要及早归附大顺政权，不要再为明王朝卖命。

到了此时，李自成除了要对付明朝之外，张献忠已成为他的一大心病。张献忠的兵力这时虽不如李自成，但他事实上也割据一方，有着非同寻常的实力，而且马守应和他关系密切。李自成担心张献忠和马守应联合起来共同反对自己，所以在攻占西安后，特地给张献忠修书一封，表示要同心协力，共谋反明。张献忠也知道自己的力量远不如李自成，故"逊词以报之"。实际上就是和李自成保持一种若即若离的关系。尽管

如此，李自成还是感到十分满意，至少说明张献忠此时不公开反对自己，

他可以放心地建立自己的政权，并集中精力对付明王朝。

第八章　王朝末日

一、最后的希望

明朝末年，除了李自成部对明王朝进行了连续不断的毁灭性打击之外，还有张献忠和辽东的清军都对明王朝形成很大的威胁。这两支力量牵制了明廷大量兵力，客观上有利于李自成的胜利进军。

崇祯十六年（1643）五月，张献忠占领了湖广重镇武昌，活捉了楚王朱华奎。楚王"宫中金银各百万，辇载数百车不尽"，就连张献忠看到这些金银都十分吃惊。他将这些金银用作自己的军饷，随后，下令把楚王朱华奎扔进江中给活活淹死。张献忠得到李自成在襄阳称新顺王的消息后，自己也就称为"大西王"，改武昌为天授府，作为大西政权的都城。同时，他还建立了自己的一整套行政机构，其名称都是沿用明朝旧

制，没有像李自成那样进行改动。张献忠也如同李自成那样正式开科取

士，还任命了一批府、州、县的地方官员。这样，大西政权就成为和李

自成的襄阳政权并立的农民军政权。

当时张献忠的力量不如李自成的力量强大。张献忠看到，李自成前

后将罗汝才、贺一龙和小袁营诸部都已处置掉，他担心下一个可能就是

自己了。尤其是武昌距襄阳又非常近，各自委派自己的官员治理，犬牙

交错，发生矛盾和冲突是当然的事。为了避免两支农民军发生火并，张

献忠就决定以躲为妙计，离开武昌，到别处另开辟自己的一片新天地。

于是，张献忠在七月亲率大军向湖南的岳州方向进军，只留下极少的兵

力驻守武昌。

八月上旬，张献忠率领二十万众兵，以雷霆万钧之势攻占岳州，接

着督师南下，向长沙进逼。张献忠的农民军沿途攻城略地，八月下旬把

长沙包围。湖广巡抚王聚奎见势不妙，仓皇逃跑，又率领自己的部下逃

向江夏。从荆州逃到长沙的明宗室惠王，和在长沙分封的吉王都是不懂

兵法兵事、平庸无能、碌碌无为的人，这些人日夜担心，害怕张献忠赶

来。他们见张献忠果真赶来了，便在官军的保护下慌忙逃往衡州，投奔

在衡州的桂王去了。长沙总兵尹先民和副将何一德带领部下投降了张献

忠。长沙推官蔡道宪却顽强防守抵御农民军。农民军在城下劝他投降，

他即命弓箭手向前来劝降的人射击。农民军猛烈进攻了两天，终于将长

沙攻陷，最后蔡道宪被俘。张献忠劝他投降，他却破口大骂。蔡道宪的几个随从不离身边，一个叫林国俊的随从对张献忠说："如吾主可降，亦去矣。不至今日。"张献忠对他说："尔不降，亦不得生。"林国俊又说："如我辈愿生，亦去矣，不至今日。"张献忠于是下令将蔡道宪和他的几个随从一起杀掉。其中有四个随从愤然说："愿葬我主骸而后就死！"张献忠看他们对自己的主子如此忠义，便答应了他们的要求。于是这四人把蔡道宪安葬后自杀而死。

张献忠接着追到衡州。封在这里的桂王朱常瀛知道自己的力量不能与农民军抗衡，便将王府宫殿点了一把火，很多宫女也一同被烧死，他本人则和逃跑过来的吉王、惠王一起逃往永州。这里的巡按御史刘熙祚亲自率领水兵奋力抵御，兵败后不降被杀。这时，湖广全部地区已基本被农民军所占领。

张献忠在衡州兵分三路，一路进攻永州，一路进攻广西的全州，一路进攻江西的袁州、吉安等地。张献忠自己则返回长沙，在长沙营建宫殿，进行科举考试。十一月底，张献忠亲自率领大军攻占了常德。

崇祯十六年（1643）冬天，张献忠的力量在江西得到迅猛发展。袁州、占安、抚州、临江、分宜等府县都被农民军攻陷。到了第二年春天，张献忠的数十万大军逆江西上，进入四川，攻占了万县，击败女将秦良玉。

这样张献忠的势力慢慢地扩大到多个省市州县，与北边李自成的农民军遥相呼应，不断给官军以沉重打击，有力地配合了李自成在北边的发展。除此之外，驻守在辽东的清军也牵制了明廷的很多兵力，使驻守关内的明军不敢脱身。

前面说过，崇祯皇帝把对付清军的希望暂时寄托在洪承畴身上。他发现，洪承畴在与李自成农民军作战时表现得很出色，于是便命他为蓟辽总督。结果，没想到洪承畴在松山失利，被俘获后又投降了清军。他的悍将曹变蛟、王廷臣等在与李自成周旋时都表现得十分英勇、顽强，卓有战功，这时也被清军俘杀。驻守锦州的将领祖大寿也被迫投降了清军。崇祯十六年（1643）秋天，清军又攻克了关外的重镇宁远。这样明军只好退守山海关，对清军只有消极对付，完全没有了主动进击的力量。

在兵部尚书陈新甲的提议下，崇祯皇帝本打算与清议和，并密派职方郎中马绍愉与清秘密谈判。但由于内部人员保密不严，朝中大臣都知道了此事，认为议和是"屈身取辱之事"。崇祯皇帝对此恼羞成怒，便把责任全都推到陈新甲身上，将他冒罪下狱处死，还有一些其他的官员也跟着丢了官。于是，与清议和之事彻底流产。

在西边和南边，已很难看到一片安静的疆土，李自成和张献忠的农民军攻城略地；在东北，有清军在那里虎视眈眈，随时出塞内犯。面对这种全国山河一片破碎的危机局面，崇祯皇帝已是身心交瘁，只有接连下"罪己诏"而已。

正像崇祯帝所哀叹的那样，这时的明王朝真是"处处皆亡国之象"。在崇祯十六、十七年间，有关异乎寻常的灾异记录史书有许多记载。如，一个雷雨天气，雷电竟击中了太庙，"庙中神主或横或侧，诸铜器俱为雷所击，融而为灰"。太庙就是皇族祖庙，竟然遭雷击，大家都感到这是一种不祥之兆。

就连宫中玩的掉城游戏似乎也犯了某种忌讳。掉城游戏一般由宫女们来玩，其规则是在地上画出井字形的九个方格，中间一格为上城，上下左右四格为中城，对角四格为下城。宫女们依次用银键往井字形的城中抛，银键落的位置是宫女受赏罚的一个标志。落在上城者得上赏，落中城者得中赏，落下城者受罚。这本来是宫中的一个很平常的游戏，但因"掉城"二字不吉，使崇祯帝联想到李自成到处攻城略地，辽东的很多城池也被清兵占领，二者好像有某种联系。于是崇祯皇帝将此游戏严令禁绝。宫中的掉城游戏虽然停止了，但是宫外的城池却丢得更快更多了。

崇祯皇帝每天听到的不是这里打了败仗丢掉城池，就是那里闹灾异。这些坏消息使他不时地发出感叹："朕非亡国之君，处处皆亡国之象。"普通的老百姓也预感到，明王朝气数将尽，到了改朝换代的时候了。由于这种心理作用，人们不论遇到什么事，都不往好处想，总是往坏处猜。

崇祯十六年（1643）十二月万寿节，是崇祯帝过的最后一个生日。他尽管有许多不顺心的事，但还是强打精神，到昭仁殿排宴庆寿。崇祯帝不知出于什么心理，点名要一个姓陈的歌伎"作西施舞"，舞后赐给陈歌女银五两。这又被人说成是不吉之兆。这种事情在平时算不上什么事，但在那"处处皆亡国之象"之时，人们又有些大惊小怪。因为历史上的吴王夫差就是因跳西施舞而亡国的，使人联想到，崇祯帝也将有夫差的厄运。为这事后人还写了一首诗：

舞按西施结束成，当筵为寿玉尊擎。

莫言长袖娇无力，曾拂苏台一夜倾。

因为吴国在苏州建都，所以这里的"苏台"就是指吴国，比喻明朝。

崇祯十六年（1643）冬至那天，崇祯帝到太庙准备祭祀列祖列宗。来到太庙，忽然间，"烈风起于殿角，燎火尽灭，不成礼而罢"。崇祯帝为此十分懊恼，自己暗地想可能是一种凶兆。回宫后，崇祯帝顿足叹息道："朕不自意将为亡国之主！"

在那种天下大乱、灾异频出的情况下，崇祯帝的心理似乎变得不正常起来。他除了不时发出叹息外，还无缘无故地对臣下们发怒，尤其对臣下奏言民间弊端一点也听不进去，对历代沿用的一些法令和做法不时变更。他大概希望通过这种更改来改变一个朝代的命运，但实践证明反而越变越糟。

从孙传庭死在潼关之战后，崇祯皇帝便感觉到自己的末日已近，整日闷闷不乐，愁眉不展。望望国家，已是山河破碎；看看身边大臣，个个是庸碌之辈，找不到一个适合承担督师重任的人。崇祯帝经过反复考虑，来回掂量，还是觉得李建泰较为适合。

李建泰为山西曲沃人，曾任国子监祭酒，是个文臣。崇祯十六年（1643）十一月，他以吏部右侍郎入内阁，兼东阁大学士。崇祯皇帝希望李建泰毛遂自荐，担当督师重任，他在朝廷上叹息道："朕非亡国之君，事事皆亡国之象。祖宗栉风沐雨之天下，一朝失之，何面目见于地下！朕愿督师，亲决一战，身死沙场无所恨，但死不瞑目耳！"说罢失声痛哭，泪如雨下。大臣们看崇祯皇帝要亲自督师，他们都纷纷表示愿担此任。大学士陈演、蒋德璟虽有表示，崇祯皇帝都没有答应。李建泰得知李自成农民军已向山西进军，担心自己富有的家产将被农民军劫掠，有意率军前往保护。李建泰便诚心诚意地说："臣家曲沃，愿出私财饷军，不烦官帑，请提师以西。"崇祯皇帝见李建泰自告奋勇，十分高兴，马上答应："卿若行，朕仿古推毂礼。"又加封李建泰为兵部尚书，然后赐给他尚方剑，为他行事方便之用。

崇祯十七年（1644）正月二十六日举行遣将礼，崇祯皇帝亲自登上正阳门楼，对李建泰倍加赏赐，并赐宴李建泰。崇祯皇帝亲自为他斟酒三杯，而且用的是金卮，酒后遂把金卮赐给了李建泰。崇祯皇帝还赐给李建泰一篇手敕。其中写道，自从自己即位的十七年以来，"未能修德尊贤，化行海宇，以致兵灾连岁，民罹干戈"，致使李自成等农民军蔓延数省，骚扰地方，扰乱了社会秩序。"朝廷不得已用兵剿除，本为安民。今卿代朕亲征，鼓锐忠勇，表扬节义，奖励贤能，选拔豪杰"，骄横的将领、贪酷的官员以及"妖言惑众之人，违误军粮之辈"，对于这些人，李建泰都可以"以尚方从事"，也就是说可以用尚方宝剑就地正法。崇祯帝还明确答应，对于军中"一切调度赏罚，俱不中制"，全部由李建泰"临时而决，好谋而成"，该剿的剿，该抚的抚。崇祯帝同时还特别在敕书中对李建泰的品德和才能赞许了一番："以卿忠猷壮略，品望风隆，办此裕如，特此简任。"其实李建泰抵御李自成是否能成功，连崇祯皇帝自己也没有信心，这只是在万不得已之时试一下而已。但表面上崇祯帝对消灭李自成还是表现得十分有信心："愿卿早荡妖氛，旋师奏捷……各官从优叙录，朕乃亲迎宴赏，共享太平！"由此看来，崇祯帝对李建泰的期望还是很高的，授予李建泰的权力之大，李建泰出师前的礼仪之隆重，的确非同寻常。但可以说这只是场闹剧而已，很快就如同肥皂泡一样破灭了。李建泰辞谢出京，崇祯皇帝目送许久，场面十分隆重，也颇为悲壮。但人们心里都惴惴不安，因为李建泰虽有威重的头衔，有尚方剑，但

"兵食并绌，所携止五百人"。以这区区五百官军去和百万农民军抗衡，岂不是拿鸡蛋碰石头？

李建泰刚出京就感到势头不对，又听说他的原籍曲沃已被农民军攻破，其家产已全被农民军占有，他顿时感到心灰意懒。他故意稽缓时间。每天约行三十里，其随行的士卒也有一些陆续逃亡。到定兴时，他想入城食住，竟被当地驻守兵士拒之城外，闭城不纳。李建泰非常恼火，于是，一气之下率领部队将城攻破，"笞其长吏"。攻破定兴之战可能是李建泰督师以后打的第一次胜仗，可惜对方也是自己人，来了个自相残杀。他到邯郸时，得知李自成农民军主力也乘胜攻来，这位被崇祯帝视为最合适的督师竟掉头而逃。他途经广宗县时，那里的知县李弘率领众兵上城防守，也拒绝李建泰入城。李建泰又督师将广宗攻破，乡绅王佐竟然当面痛斥责备他："阁部受命南征逆闯，赐尚方剑、斗牛服，推毂目送，圣眷至渥。今贼从西南来，正宜迎敌一战，灭此朝食，上报国恩。奈何望风披靡，避贼北遁，陷城焚劫耶？"李建泰恼羞成怒，又气又急，立即命令将王佐杀死。

李建泰督师不足千人，他率领着这些饥饿难忍的士卒，一路北逃，一路上劫掠自饱，躲藏在保定。后来投降了李自成，清兵入关后又投降了清兵，最后被清廷处死。这次明廷大张旗鼓的督师，就如同儿戏一般告终了。这也告诉人们，面对李自成农民军的强大攻势，崇祯皇帝已没有任何指望了。

二、决议迁都

　　面对李自成农民军慢慢向京师逼近，崇祯皇帝也产生了将京师迁往南京的想法，以躲避李自成的农民军，这显然是一种让别人瞧不起的无能的表现。崇祯皇帝还想要脸面，他想在大臣们的力请下顺水推舟，将京师南迁到南京。但一些主事大臣非常有心计，都怕承担责任，不敢坚持这种南迁主张，左中允李明睿看出了崇祯皇帝的心事，专门上疏请求京师南迁。为了保住皇帝的面子，堵住反对南迁的大臣之口，李明睿就建议崇祯皇帝以"亲征"为名，先到山东，继到中都凤阳，最后到南京固守，然后再徐图"中兴"。李明睿还利用明成祖五次亲征漠北为例，极力奉劝崇祯皇帝早作定夺。这很合乎崇祯皇帝的心意，所以他多次秘密召见李明睿，把他当作心腹。以前，李明睿曾奉劝崇祯皇帝西迁西安，以就近练习兵马，激励士气，率西北将士彻底剿灭李自成。现得知李自成已在西安建国，他不得不再劝崇祯皇帝南迁："今逼近畿旬，诚危急存亡之秋，可不长虑？却顾唯有南迁，可缓目前之急。"崇祯皇帝连忙用手往天上指去说："不知天意如何？"李明睿说："天命靡常啊，为政以德就会得之，不得就会失去。天命微乎其微，人能够战胜天，失之毫厘，谬以千里。事已至此，千万不可因循守旧，否则则会有后患无穷之忧。望内断圣心，外度时势，不可一刻迟延！"崇祯皇帝环视四周，发现无人，便十分动情地对李明睿说："朕有此志久矣，怎奈无人赞襄，故迟至今。汝意与朕合，朕志决矣。诸臣不从，奈何？尔且密之。"

崇祯皇帝想利用内阁首辅陈演请求南迁，以达到自己南迁的目的，但陈演平庸无为，胆小怕事，老奸巨猾，坚决不谈南迁事，使崇祯帝南迁梦无法实现。二月底，崇祯皇帝还为南迁事做了一些打算。他命科臣左懋第到南京，沿江考察舟师士马情况。他又命天津巡抚冯元飚暗自准备漕船三百艘，在直沽口等待命令。但崇祯皇帝又下不了决心，"恐遗恨于万世，将候举朝固请而后许"。在朝廷大臣当中，还有左都御史李邦华和少詹事项煜也同意南迁，但只是主张先让太子到南京监国，崇祯皇帝仍留京师。二月间，在外督师的李建泰也赶紧上疏，说李自成已逼向京师，形势越来越危急，请立即南迁，并表示同意保护皇太子南迁。尽管南迁的事一直是在暗中进行，但还是露了马脚，导致了朝廷内外纷纷扬扬的议论，人们反对南迁的呼声十分高涨。此时，李邦华上奏疏，请求崇祯皇帝下令命太子赴南京监国。李邦华的建议与崇祯皇帝的意愿大相径庭，这是为什么呢？因为这样一来，一方面不仅仅说明了自己怯懦，而另一方面自己也逃不了罪责。于是"帝赫斯怒"，于平台召集群臣，表现出一副极端生气的样子，训斥道："祖宗千苦百战，定鼎于此。如果贼至而去，朕将来再怎么去督责乡绅士民守卫国家呢？怎么对得起死去的先烈们呢？我可以离去，宗庙社稷呢？十二陵寝呢？京师百万生灵呢？……国君死社稷，是符合道义的。朕志决矣！"有的大臣说："太子监国，古来尝有，亦是万世之计。"崇祯皇帝道："朕经营天下十几年，尚不能济，哥儿们孩子家，做得甚事？"事实上，崇祯皇帝不相信他的儿子，害怕他演出唐肃宗灵武登基的旧戏来。关于南迁的事就这样被拖了下来。

崇祯皇帝也确确实实想南迁，但这事却一直没能成行，这除了他狐疑不决、寻思不定外，还与形势的迅速变化有关。李明睿首次给崇祯皇帝提议南迁之事是在崇祯十七年（1644）正月初三日，倘若当时立即南迁，可能还来得及。但崇祯皇帝迟疑不决，优柔寡断，很快进入了二月。这时，李自成农民军已渡过黄河，进入山西，然后又兵分两路，一路由李自成亲自挂帅，由北路直逼北京，另一路由刘芳亮统领，向东进发，二月中旬就已到达河南和山东交界处，很快进入运河线上的济宁。若崇祯皇帝这时南迁，不论从陆路还是从运河水路，随时都可能遭到刘芳亮一军的拦截。这是让崇祯皇帝忧虑的问题。李明睿又一次督促崇祯帝南迁时，他问道："万一劲骑疾追，其谁御之？"就是针对南迁之事来说的。《鹿樵纪闻》中记载了这样两句诗："君王也道江南好，只是因循计不成。"

崇祯皇帝"因循"错过了时机。当李自成的一支农民军已完全控制了南迁的路线后,崇祯皇帝南迁一事当然也就"计不成"了。

当李自成逼近北京时,天津巡抚冯元飚带海船二百艘,千余名兵士,"身抵通(州)郊,候驾旦夕南幸"。崇祯皇帝已说出去大话,而且这时南迁如同逃跑躲避,也未必安全无误,所以对这事没有理睬。三月七日,冯元飚派其子冯恺章悄悄来到京师,想劝崇祯皇帝马上南迁。但冯恺章根本就没有见到崇祯皇帝。至此,南迁一事同议和之事一样也就不了了之了。

李自成定都西安以后,即立即加紧部署进军北京的有关事宜。他首先派李过进入山西,并追击在黄河渡口的防守官军,切断太原官军的增援路线,为李自成大军东渡黄河做准备。在离开西安前,李自成先对后方的防守事宜做了重要部署。他命令妻子高夫人和权将军田见秀及六政府的一些官员都留在西安,田见秀做防守工作,负责经营后方的是高夫人和六政府的官员。论成绩,田见秀远不及刘宗敏,但在李自成委任的官员中,田见秀却排在刘宗敏之前,这是一件值得人们深思的事。李自成可能主要考虑到,田见秀做事较稳重,有智谋,为人宽宏大量,也厚道,而刘宗敏则做事、为人较为粗暴。李自成这次让田见秀留守大后方,是对他重用的表现,也反映了李自成对田见秀的极大信任。李自成率领牛金星、刘宗敏等文臣武将东征。

李自成率领主力部队顺利渡过黄河，移师山西，正月二十三日就占领了山西重镇平阳，驻守将领陈尚智投降。平阳陷落以后，河津、稷山、荣河等地相继被攻破，山西的其他地方"多望风送款"。由于山西巡抚蔡懋德从平阳败退，使得山西的民心更加飘摇不定，因此他遭到巡按御史的弹劾，被解任听勘。接任山西巡抚的是郭景昌，但他明白此时的形势，所以，他行进缓慢，迟迟不去就任。蔡懋德却以守土有责，而率领将士决心死守太原。

二月五日，李自成率大军到达太原城下。蔡懋德命令牛勇等出城作战，结果全军覆没。第二天，李自成亲自率兵攻城，防守东门的是从阳和调来的三千名官军，刚一交战就投降了李自成。二月七日，守卫南大门的张雄缒城投降了李自成，并嘱咐他的同党在他下去后将角楼处的火药库烧掉。这天晚上恰巧刮起了大风，火药熊熊燃烧起来，风助火势，烈焰腾空，守城的士兵于是都急忙逃跑，农民军遂乘机攻入城内。蔡懋德见大势已去，无法挽救了，便"北面再拜"，将遗书交给朋友送到京师，对手下说："吾学道有年，已勘了此生。今日，吾致命时也。"于是就想拔剑自刎，但被部下把剑夺去。他的部将这时都表示愿意随他参加巷战，蔡懋德立即上马，和时盛等一起击杀农民军数十人。但是，农民军越集越多，他知道已无法冲出敌人的包围，就对时盛等人说："我当死封疆，诸君自去。"时盛等人簇拥着他到了三立祠，蔡懋德自缢而死，时盛也用弓弦自缢在他旁边。山西布政使赵建极被俘后，也不肯投降，李自成立即下令把他杀死。赵建极在走下台阶行刑时连呼万岁，李自成一时误会，命将他拖回。赵建极却瞋目喝道："我呼大明皇帝，宁呼贼耶？"李自成又羞又气，亲自用箭把他射杀。李自成对蔡懋德不肯投降也很生气，亲自去验他的尸体，见他确实已经自缢而死，但还是用刀把他的头割下来。明廷官员共有四十六人死于太原之役，城破后都被陈尸城上。晋王朱求桂投降了李自成。

李自成在率领大军挺进的同时，派出一些先遣人员拿着令牌到各地传谕，宣传自己的主张，宣传明廷无道，已是天怒人怨，自己率领的是"仁义之师，不淫妇女，不杀无辜，不掠资财，所过秋毫无犯"。李自成尤其申明，农民军兵临城下时，不许抵抗，要开门迎降。农民军放第一炮后，城中掌印官要出城迎降；放第二声炮后，城中乡绅要投顺；放第三声炮后，城中市民百姓要跪迎农民军入城。如若抵抗的话，农民军破城后将大举屠杀，"寸草不留"。李自成的这种政策对瓦解明廷守军和农民军的顺利进军起了很大作用。

在这种形势之下，诸多府、州、县皆不战而降。有些地方官自知不敌，抵抗亦无益，又不愿投降，就只好带着官印偷偷弃城跑掉；有的则准备好清册账簿等文书，交给大顺政权，妥善交割后离去；有的地方官则被老百姓捆绑，交给大顺政权。总体而言，当时的地方官吏已是人无固志，看到大顺政权来招降就纷纷投降。少数不投降的则以武力相加。"不当差，不纳粮。吃着不尽有闯王"的歌谣唱遍当时各地，人们都预感到大明王朝就要完了，改朝换代的时刻就要到来了。

李自成在太原分兵两路，对北京采取南北两面夹击的战略战术。南路从太原向东出固关，取道真定、定州、保定，由南边进攻北京；北路是主力部队，由李自成亲自率领，经过大同、宣府等地，由北边对北京实施包抄，如此则形成包围圈，也是为了从根本上消灭明廷赖以生存的主力，以孤立北京，为占领北京打下基础。在进军途中，许多军事重镇都闻风而下，但在代州农民军却遇到十分顽强的抵抗。

李自成率领主力部队由太原向北挺进，没费丝毫力气就攻占了忻州，接着包围了代州。驻守代州的是山西总兵官周遇吉，他激励手下将士，要顽强固守。在此之前，李自成命令投降过来的副将熊通前去谕降。周遇吉把熊通痛斥一顿，随后立即命令把他杀死，以表示自己固守的决心。周遇吉一边激励部下，据城固守，一边设计奇兵出城迎战农民军，并且连连得手，农民军伤亡十分严重。周遇吉固守数日，外无援兵，内无粮草，最后，他不得不退守代州西边的宁武关。

李自成率兵追到宁武关，让他的部下在关下大呼，命令守关的明军投降，否则，"五天不降者屠其城"。周遇吉命令部下开炮轰击，农民军一连被击杀一万多人。守城官军的火药已全部用尽，农民军的攻势却不减，越来越猛。周遇吉便在城内设下埋伏，派一小股弱卒引诱农民军入城，突然放下闸来，把进入城内的小股农民军孤立在城里，因而歼亡，杀农民军数千人。李自成恼羞成怒，下令用大炮猛烈轰击，城墙倒塌，官军马上又把被轰塌的城墙修复好。这样反反复复数次，农民军一直未能占到便宜，反而损失了四员骁将。李自成看到守城官军拼命防守，自己损失十分惨重，非常害怕，准备后撤。他身边的将领给他出主意："我众百倍于彼，但用十攻一，番进，无不胜矣。"李自成认为有理，于是把队伍分成许多小的队伍，前队的全部战死后，后队紧紧跟上，连续进攻不间断，志在必得。结果，官军由于众寡悬殊，城池终于陷落。周遇吉仍然是亲自督众巷战，其坐骑战死后，他徒步格杀。他杀农民军数十人，最后被农民军俘获。他大骂不止，被农民军悬挂在竿上，用乱箭射死。他的夫人刘氏也十分矫健，率领妇女登城防守，杀死许多农民军。最后她见大势已去，便在家里点着火，"合家尽死"。从周遇吉的事中我们可以看到，以儒学为主导的中国传统思想的确造就了一批"忠义之士"。明王朝并不是没有人才，而是有人才得不到重用，即使用了也是用而不当，使他们无法施展自己的才能。

李自成虽然最后攻克了宁武，但损失惨重。这是他在进军北京的过程中损失最为惨重的一次战役。他对手下将领说："宁武虽破，吾将士死伤多。自此达京师，历大同、阳和、宣府、居庸，皆有重兵。倘尽如宁武，吾部下宁有孑遗哉！不如还秦休息，图后举。"在李自成打算往陕西撤退的时候，镇守大同的明军总兵官姜瓖派来降使，李自成得以神速进军。

三月一日，李自成率大军赶至大同城下。总兵官姜瓖开城迎降，代王朱传齐和大同巡抚卫景瑗却坚决要固守，他们并不知道姜瓖已经暗中向李自成投降。姜瓖掌兵事，他既然开城迎降，代王和卫景瑗便没有多少兵力可用，只是徒劳。所以很快被农民军俘获。李自成知道卫景瑗是个好官，亲自劝他投降，但他却据地而坐，"大呼皇帝而哭"。他大骂姜瓖："反贼，你和我盟誓抵抗，现在却当了叛贼，神灵在阴间能饶过你吗？"原来，他曾邀姜瓖歃血固守，誓不投降，姜瓖尽管不情愿，但又不好暴露，不得不装模作样地和他一起歃血誓守。姜瓖羞惭满面。李自成又把卫景瑗的母亲找来劝降，卫景瑗也不答应。李自成不忍心杀死他，最后卫景瑗却吊死在僧寺。李自成把他的老母亲和妻子儿女安置在一座空房子中，并下令不许部下冒犯。对代王却不是如此，李自成深知代王平时虐待手下，并且生活奢侈腐化，毫无气节，所以就下令将代王及其一门宗室全部杀掉。

李自成由大同指挥大军向阳和进发。宣大总督王继谟驻守阳和，他极力激励部下，准备坚守，无奈此时已是人心不定，有人讥笑他不识时务。比如，王继谟曾带领满城官吏到关帝庙歃血盟誓，他自己慷慨激昂，声泪俱下，可是其他的人却都无动于衷，这使他大为伤心。这也使他更清楚地意识到，到了此时人心的确已是不可收拾，自己已经成了孤家寡人，他匆忙把这种情况上疏禀告崇祯皇帝，结果崇祯皇帝却大为生气，命他戴罪治事，马上去大同解围。这使王继谟哭笑不得，束手无策。当此紧急关头，崇祯皇帝好像已经失去理智，对民心向背并不十分清楚。

李自成大军刚抵达阳和，驻守阳和的兵备道于重华就开门迎降。王继谟率领少数官军带着一万两银子，逃往京师，路上却被另一支官军把银两全部劫去，充当了投降李自成的见面礼。

三月六日，李自成大军抵达宣府。宣府总兵官王承胤早已暗中投降了李自成，而巡抚朱之冯却坚决要固守。他在城楼上置朱元璋的神位，和诸将"歃血誓死守"。但人心涣散，连监军太监杜勋也劝他投降。朱之冯指着杜勋的鼻子骂道："勋！你是皇帝最倚信的人，所以特地派你来监军，将封疆托付给你。你来到以后就与敌暗中相通，你还有什么脸面见皇帝呢？"但杜勋却不以为意，不回答，"笑而去"。当农民军拥兵城下时，杜勋"蟒袍鸣驺，郊迎三十里之外"。朱之冯登城长叹，下令士兵发炮，"默无应者"，指挥已经失灵。他自己不得不亲自前去点燃大炮，却被手下从后边拉住了手，劝他不要再放炮了。朱之冯长叹息道："不意人心至此！"仰天大哭起来。此时，在另一边，总兵王承胤却开门迎降，并向城中士民宣传说，农民军"不杀人，且免徭赋"，因此"举城哗然皆喜，结彩焚香以迎"。手下想保护朱之冯出逃，被他断然拒绝，"乃南向叩头，草遗表，劝帝收人心，厉士节，自缢而死"。朱之冯临死时才明白，明王朝已彻底失去了民心，不可救药。

李自成主力随即到达居庸关。驻守在这里的总兵唐通和监视太监杜之秩也一起投降。于是，李自成的农民军长驱直入，很快到达北京城下。

当李自成大军在年初渡过黄河后，于山西南部分兵两路，一路由李自成亲自率领主力，经太原、大同、宣府等地直捣北京，另一路由刘芳亮率领，从山西出太行，经河南北部直入河北，从南边对北京形成包围之势。由此可以看出，李自成是要彻底推翻明王朝，因为这种部署的意图很明显，即不仅想要占领京师，而且要截断崇祯帝南逃的退路，彻底把他们消灭在北京。

崇祯十七年（1644）正月下旬，刘芳亮率十多万农民军顺黄河北岸向东挺进，经阳城越过太行山，到达河南北部，连战连捷，很快抵达怀庆。怀庆知府蔡凤早已提前仓皇逃跑。巡按御史苏京和副总兵陈德驻守在这里，二人平时就不和。陈德是明军著名将领陈永福之子，自知无力抵御农民军，于是把苏京和知县丁泰运逮捕，向李自成投降。丁泰运较有骨气，坚决不投降，被农民军杀死。苏京为人苛刻，常常以杀人来取乐，还有许多人无故被他关进监狱。刘芳亮命令陈德为镇将，因看不起苏京的为人而对他百般羞辱。农民军命苏京穿上妇人的衣冠，脸上涂满粉，头上插着花，骑着驴游街，使城中士民大为开心。农民军还让苏京穿上青衣，像奴仆一样服侍左右，苏京依然"奉命唯谨，了无愧色"。直到大顺军离开怀庆后，苏京才乘机逃走。刘芳亮在离开怀庆前，建立了一系列的地方组织，委任了驻守在这里的防御使、府尹和所属的六个县的县令，随后便向东北方向的卫辉挺进。驻守卫辉的是总兵卜从善，他知道农民军势不可当，而官军则毫无斗志，因此在农民军还未到达卫辉时，就保护潞王仓皇而逃。刘芳亮对当地进行安抚后，又进入山西长治一带。长治在古代被称为上党，是个历代兵家必争的军事重地，明宗室沈王分封于此。当刘芳亮抵达时，这里驻守的官军早已逃跑，无人组织兵力抵抗。大顺军不费一兵一卒就占领了长治及其附近的许多州县。活捉了沈王，藩王府中的金银财宝等全部被农民军掠走。刘芳亮安顿好这里的一切后，立即率师返回河南，直逼彰德。

彰德也是军事重镇之一，赵王封藩于此。面对农民军的强大攻势，明朝官员一听到农民军来了，都早已弃城而去。驻守的参将王荣是个有气节的将领，他看到这种状况也无可奈何，只好保护着赵王逃走。最后他还是被追赶而至的大顺军俘获。刘芳亮听说王荣是个有气节、有勇略之人，就劝他投降，他坚决不肯。此时陈永福已投降大顺军，刘芳亮就命令陈永福劝说，但王荣依然坚决不降，"大骂不屈"。结果，大顺军就把王荣父子一起杀掉，但下令允许他的家人收殓其尸体。

到此，河南和河北交界处的许多州县望风归降。驻守重镇广平的总兵官张汝行派使者到大顺军驻地，向刘芳亮迎降。在刘芳亮率大军到达广平时，张汝行率众官员"郊迎三十里"，以示诚意。张汝行还向刘芳亮表示，愿做大顺军前锋，并积极向刘芳亮提供攻取保定、通州等地的策略。刘芳亮十分高兴，把广平事务安顿好后，就率兵向保定挺进。

此时，刘芳亮率领的这支队伍声势浩大，军威雄壮，"络绎三百里"，"马嘶人喊，海沸山摧"，旌旗蔽日，一路势如破竹，攻无不克，战无不胜，所到之处明军争相献城投降。但是，刘芳亮在保定城，却遭到了顽强抵抗。这时，被崇祯帝寄予厚望的大学士李建泰也在保定城中。他自知不敌起义军，就打算向农民军投降。但是，保定同知邵宗元和知府何复等人却坚决反对，绝不投降，并组织起一支两千多人的乡兵，日夜守城，严密防守。刘芳亮把劝降的文书射到城内，谓京师已被攻破，保定已是孤城无援，只有投降才能保证官民的生命安全。李建泰得到文书后，召集城中官员一起商议战守事宜。李建泰故作镇定地说："诸君是否知道京师已被攻陷？"有的官员说已听到。李建泰就拿出来刘芳亮的劝降文书，让他们观看。邵宗元看到文书后勃然大怒，"吾辈受国厚恩，宜以死报"，怎么能像猪狗那样苟且偷生呢！李建泰认为只有投降才能保全一城百姓，因此对众人劝谕一番，并要邵宗元交出大印来："吾欲得君印，印文书，为保定数万户请命，不则必被屠，奈何？"邵宗元不仅不交出帅印，反而当面指责李建泰，说他自己"位不过郡丞，碌碌无足比数，然犹不忍背主以苟活"，但是李建泰身为大学士，"受任将相，纵不自爱惜，独不记出师时，正阳门皇帝亲祖道，以武侯、晋公相期耶！顾乃一旦丧心若此乎！"李建泰非常尴尬，"瞠目无以对"。他的部下拔刀要杀邵宗元。邵宗元马上把官印掷在李建泰面前，讲道："任所为！"然后抽出剑来要自杀，手下匆忙把他抱住，把他手中的剑夺去。旁边一个御史把印拾起，又交还给邵宗元，然后大家相继离去。只有李建泰一个人留在官署中，仰天长叹道："我为保定士民计耳，此一举无噍类矣！"晚上，李建泰命令自己的一个亲信缒下城去，和刘芳亮商议投降事宜。刘芳亮看到劝降没有成效，便下令猛攻。尽管邵宗元、何复等人顽强抵抗，但毕竟力量悬殊，寡不敌众，尤其是军心不稳定，再加上不少将领与大顺军暗中相通。最后，三月二十四日被大顺军攻破，结果邵宗元、何复等人被处死，李建泰等人投降了大顺军。

除了刘芳亮这支南路军主力外，还有两支大顺军，其中一路是由刘汝魁率领的，在刘芳亮占领彰德等地后，他奉命向东进击，很快攻占了长垣，到达河南和山东的交界处。二月下旬，刘汝魁攻克了滑县、开州等地，许多州县都不战而降。农民军随即就在这些地区设置机构，建立起自己的地方政权。二月初，刘汝魁率师进入河北的南部。

另一路是由任继荣率领的。在刘芳亮率主力进军保定时，他奉命进击真定。当时，真定也是个军事重镇，是明朝巡抚衙门所在地，巡抚徐标当时驻守在这里。大顺军在各地攻城略地，胜利进军的消息接二连三地传来，人心惶惶，许多明军将领不想白白地为明王朝送死，就暗中和大顺军沟通，准备投降。比如，参将李茂春奉巡抚徐标的命令，率领部分士兵赴固关抵御大顺军，但李茂春却派自己的亲信到大同和大顺军联系，表示投降之意。更有甚者，李茂春还把大顺军劝降的檄牌送到真定。徐标颇有气节，大怒，立即把檄牌打碎，杀掉大顺军的来使，以表示和大顺军势不两立的决心。但令徐标极为伤心的是，他的部下并没有被他的这一行为所感动，最后是一起发动兵变，把他杀死，并共同推举谢加福为副总兵，使用大顺政权的永昌年号，还通令附近各州县迎降。三月初，任继荣率领大顺军不费一兵一卒地就占领了真定。大顺军在这些州县也随之建立起地方政权，设官置守，然后自己则率领主力继续北上保定，同刘芳亮会师。

崇祯帝的运气好像特别坏，在李自成农民军神速地向京师逼近时，他又连续下罪己诏和亲征诏，言辞十分动人。这好像成了他治理国家的一个策略，也似乎成了他政治生涯的一部分。

崇祯十七年（1644）二月十三日，太原被李自成攻破的消息传到北京，崇祯皇帝感到大事不妙，遂下诏"罪己"，号召"草泽豪杰之士"，赶快行动起来保卫明廷，言辞颇为感人，但基本上都已经起不到任何作用了。

三月六日，也就是李自成占领宣府的那一天，崇祯皇帝再一次下罪己诏。这篇罪己诏不仅言辞更加感人，而且的确涉及一些实际内容。比如向百姓加征钱粮，向商者负买，都全部废弃，对李自成和他的部下也有了区别对待的政策，可以说比以前有了大的进步。可惜的是，为时已晚。李自成率领大军已逼近京师，皇帝的号令已出不了京城，再好的政策也起不了任何作用。假使在几年前下达这样的诏书，也许还能起点作用，但到了此时，它充其量也只能令部分士民感慨一番而已，或许连这点效应也难以起到。

三月十八日，李自成的大军已兵临城下，崇祯皇帝下诏亲征。诏书内容是：

朕以渺躬，上承祖宗之丕业，下临亿兆于万方，十有七年于兹。政不加修，祸乱日至。抑贤人在下位欤？抑不肖者未远欤？至于天怒，积怒民心，赤子化为盗贼。陵寝震惊，亲王屠戮，国家之耻，莫大于此。朕今亲率六师以往，国家重务，悉委太子。告尔臣民，有能奋发忠勇，或助粮草器械，骡马舟车，悉诣军前听用，以歼丑逆。分茅胙土之赏，决不食言。

此时李自成已开始下令攻城，北京已危在旦夕，下达这样的亲征诏书又有什么意义呢？事实上，崇祯帝是想打着亲征的旗号外逃。只是，京师已被团团包围，外逃的计划落空了。

此时，京师正在流行一场大瘟疫，实际上就是一场鼠疫。当李自成农民军进入京城后，这种瘟疫在农民军中也有所传播，严重影响到农民军的士气与力量。当李自成在山海关吃了败仗后，马上从京城撤离，也主要是为了躲避瘟疫。李自成虽在山海关战败，但在京城驻守的农民军数量还可以。按照正常情况，绝不至于毫不抵抗就加以放弃。史书上对这个原因虽无记述，但以理度之，这场瘟疫应是李自成毫不吝惜地放弃了北京的原因。

三、皇室凄凉

李自成率主力最先到达京师。正当他率兵步步逼向京师的时候，这一消息传到了京师，崇祯皇帝匆忙召见王公大臣，商议对付农民军的良策，但是群臣默默无声，半晌也没想出办法，崇祯伤心至极，几乎快要流泪。此时，不知传来何种消息，崇祯连忙拆阅，看罢不禁大惊失色，推案走出去了。各位大臣一直在殿内等候圣旨，直到中午，才由内监传出命令，要诸位大臣退去。只是等到黄封来到后，众人才知道昌平已经失守了。昌平地处天堑，是一夫当关、万夫莫入的险要位置，怎奈太监高起潜等，竟毫不戒备，起义军一到，只管各人逃命，如此，昌平轻而易举地为农民军所得。当天晚上李自成率领农民军直逼卢沟桥，进犯平则门，紧接着围攻彰仪门。崇祯皇帝急忙下诏，任吴三桂为平西伯，立即率所部勤王。下令京师三大营，发兵屯齐化门外，以抵抗农民军，襄城伯李国桢统率三营，昼夜巡逻。同时命太监王承恩为京师辽蓟兵马总督。此时京城外农民起义军在晚上举着火把，火光冲天，杀声震地。京师内守城的残兵只有五六万人，又多半是老弱病卒，又乏粮饷，崇祯帝万般无奈，只得下令发内帑铜钱，分给守城兵士，但每名不过才一百钱，兵士怨声不绝于耳，守城也益发懈怠了。襄城伯李国桢向皇帝提出建议，准备向公侯捐粮米，崇祯皇帝答应了，命他办理。

哪知李国桢忙碌了一夜，最后，各亲王大臣捐米还不到五百石，随即分给了士兵，但是，一时找不到锅。李国桢不得已，亲自前往城中店铺，买了些吃的。这样坚持了两天，农民军攻城越来越猛。李自成下令用大炮轰城，守城的士兵被炮火炸死的不计其数。守城士兵大半不愿意再坚守，都躲在炮楼里安全的地方。李国桢单枪匹马进内城，直入乾清门，守门太监和侍卫上前阻拦，李国桢大声道："都是什么时候了，还作威作福！"说罢放声大哭，内监这才放李国桢进宫，见到崇祯皇帝，便叩头大哭着："士兵都已变心了，睡卧在城下，这个人起身，那个人又睡下了，如此看来，怕大事已休了。"崇祯听后流泪不止，于是传旨，驱内宫太监侍卫等，登城守卫，二千余人，命太监曹化淳督领。又搜刮宫内后妃的金钗钏珠，约有二十万金，分赏给城内兵士。正在分配，忽然听到消息，城外二大营已被打败，十分之六的将士都投降了农民军，其余的都逃散了。李国桢和崇祯都被惊呆了，君臣怔了一会儿，相对大哭起来，李国桢满眼含泪走出宫来，督兵守城。城外三大营的军械尽被李自成劫去，其中有大炮十二尊可纳火药百斤。起义军得了大炮，对准京城轰击，炮声隆隆，百姓惊惶号哭。崇祯在宫内听到炮声不绝，如坐针毡，一会儿哭，一会儿大笑，内侍太监更不知所措。礼部尚书魏藻德，奉前大学士李建泰上疏入奏，劝崇祯皇帝御驾南迁。崇祯皇帝大怒，把奏疏掷在地上道："李建泰已经投降了农民军，还有颜面来朕处饶舌吗？"魏藻德不敢答话，俯伏叩头而退。又有大学士范景文、御史李邦华、少詹事项煜等，也上疏请皇上南迁，并说愿奉太子，先赴江西督师。崇祯皇帝大怒道："你们平时经营门户，为子孙万代计，今日国家有事，就要弃此南去吗？朕城破则死社稷，南迁何为？"众臣听罢，谁也不敢再说什么，只好各自退去。

此时山海关总兵吴三桂，接到勤王的诏书，怕李自成兵力强大，不敢进兵，但又不能不奉诏，当天下达命令，率兵十五万人向京师进发。

每天行军才二十里，这是吴三桂有意迟迟缓进。吴三桂的打算是拖延时间，待到各路援兵聚齐后，兵力雄厚，再和李自成交战，那就不怕他了。谁知才行军到丰润，京城失守的消息传来，吴三桂见大势已去，干脆屯兵观望。

京城被农民军围困，他们力攻平则、德化、西直三门，太常卿吴麟征亲自架万人敌大炮，起义军也架炮轰城，把西直门轰塌了一丈多，吴麟征亲自率领内官修理城墙，一边飞马进大内，向崇祯皇帝报告情况，兵士由于缺饷，势将逃散。刚到乾清门，宦官不准外吏进入。吴麟征便硬闯了进去，到了午门前，恰好遇上礼部尚书魏藻德，对吴麟征说道："兵部已筹有巨饷，你可不必慌忙了。"说着拉了吴麟征出来。

李自成包围京师，使得城内人心惶惶，朝不保夕，崇祯皇帝也终日坐立不安。周皇后和懿安皇后及六宫嫔妃，无不以泪洗面，惶惶不可终日。此时报告消息的内监，进出大内络绎不绝。太监统领曹化淳，见京营兵马溃散，知道大势已去，便和内监王之心，秘密商议献城投降。守城的内官，都受了曹化淳的煽动，在城上向外打炮，在打炮之前，士兵先把炮弹内的弹药挖去，只把硝磺装在里面，对着天空燃放。曹化淳还恐伤了起义军，他先指挥着农民军躲开，然后发炮，这样勉强支持了几天。李自成命手下在彰仪门外，把一大红毡子铺在地上，他盘膝坐在毡上，手握着藤鞭，招谕城上的太监道："你们赶快献城投降，我们进城后不会难为你们。如果执迷不悟，一旦攻陷，就要杀你们个鸡犬不留！"
城上的太监听了李自成的话，一个个面面相觑，不敢作声。这天晚上，
就有十几名小太监偷偷地缒出京城，投奔到李自成营中去了。第二天清
晨，已经投降了起义军的太监杜勋缒进城中，直入内庭，劝崇祯帝下诏
逊位。崇祯皇帝大怒，斥退杜勋。杜勋出宫后，到处散布流言蜚语，城
内人心更加浮动。兵部尚书张缙彦听到这个消息，想入宫奏闻，守宫太
监不允许进入，张缙彦气愤地出了乾清门，竟自去钟楼上自缢了。

当时是崇祯十七年（1644）三月十六日，李自成命起义军攻打平则、
西直、德化、彰仪等门，炮声隆隆，彻夜不绝。崇祯皇帝在宫内听得一
清二楚，不由得叹口气，回顾周皇后道："起义军兵多势众，城内守备非
常空虚，这小小的京城，只怕朝不保夕了。"说罢，潸然泪下，周皇后、
袁贵妃在一旁，更哭得泪如雨下，站在一旁的宫女也一齐痛哭起来，就
连那些内侍太监也不住地掩泪。崇祯皇帝忽然收住泪向宫女内侍们说道：
"你们事朕多年，今日大难临头，朕不忍心你们同归于尽。快各人去收拾
东西，赶紧逃命吧！"内侍和太监们，大都是曹化淳和王则尧的同党，
一听到崇祯皇帝的话，便争先恐后，各人去收拾了些金银细软，出宫逃
命去了。只有宫女们却不肯离去，其中有一个叫魏宫娥，一个叫费宫人，
两个跪在崇祯皇帝面前齐声说道："奴婢蒙陛下和娘娘的厚恩，情愿患难
相随，虽死无怨。"崇祯帝惨然说道："你们女流之辈，竟还有如此忠义

之心，可那班王公大臣，从前坐享厚禄，但到了闯贼攻城，不但毫无策略，甚至丢下朕而竟自逃去了，这都是朕的不对，亲近佞人远离贤能，豢养这些奴才，如今悔也莫及了。"崇祯皇帝说到这里，放声大哭道："不料想朕竟做了亡国之君，惭愧啊！有何面目去九泉下见列祖列宗！"说罢顿足捶胸，悲恸欲绝。周皇后也伏在案上，凄凄切切地和袁贵妃相对痛哭。此时满室中只有涕泣声音，十分凄惨。

大家痛哭了好大一会儿，周皇后含泪说道："事到如今，陛下不如潜出京师，南下调兵，大举剿贼，或者使社稷转危为安。"崇祯帝不等周皇后说完，即收住眼泪愤怒地说道："朕恨自己昏瞆，致使弄到如此地步，还能到哪里去？哪里还有为国家出力之人？总而言之，朕是死有余辜，今日唯有以身殉国了。"正说着，忽见永王、定王两人携着手，笑嘻嘻地走了进来。这时永王九岁，定王七岁。两个儿子见到父皇母后都哭得双眼红肿，也哇的一声哭了起来。崇祯皇帝瞧着这两个皇子，心里一阵难受，又扑簌簌地流下泪来，便伸手把弟兄两个拥在膝前，垂泪说道："好儿子，贼兵围城，危在旦夕，为父就要和你们长别了，可怜你们为什么要生在帝王家里，小小年纪，也遭这杀身之祸？"崇祯皇帝说着，声音哽咽，已语不成声了。周皇后失声哭道："趁此刻贼兵未至，陛下放他两个一条生路，叫他兄弟两人，暂住妾父家里，他年天可怜儿，得成人长大，有出头之日，也好替国家父母报仇。"提到仇字，周皇后早哭得缓不过气来，两眼一翻，昏倒在盘龙椅子上。嫔妃们慌忙上前叫唤，半晌，周皇后才慢慢醒转过来，然后拖住定王，搂在怀里，脸对脸紧贴着，抽抽噎噎地哭个不停。崇祯皇帝一边拭着眼泪，一边站起身来说道："此时哭也无益，待朕把他们两个亲自送往国丈府，托他好生看待，也给朱氏留一脉香火，想国丈当不至负朕重托吧。"说罢，一手一个，拉了永王、定王，正想要出宫，忽然看到内监王承恩慌慌张张地跑进来道："大事不好了！贼兵攻破外城，已列队进了西直门，此刻李将军正激励将士守卫内城，陛下快请出宫避难吧！"崇祯皇帝听罢，面容顿时惨白，说道："大事休矣！"回过头对王承恩道："卿速领朕往国丈府去。"王承恩在前面引导，君臣两个携了永王、定王出宫，周皇后还立在门口，凄然地嘱咐定王："儿啊，你此去有出头之日，莫忘了国仇大恨，你苦命的母亲，在九泉之下盼着你啊！"崇祯皇帝不忍心再听，见定王哭了出来，急忙握紧他的小手，道："国亡家破，如今还是哭的时候吗？"定王吓得不敢出声，永王毕竟年纪大些，只暗暗哭泣。

父子三人和王承恩出了永宁门，耳边还隐隐听得到周皇后的惨呼声，崇祯皇帝暗暗流泪，却把头低垂着，向前疾走，一边走一边落泪，到国丈府门前时，崇祯皇帝的蓝袍前襟，已被泪沾得湿透了许多。王承恩道："陛下少等，等奴才去报知国丈接驾！"说罢疾步走去。崇祯皇帝呆立在国丈府第前的华表旁，左手携了永王，右手执着定王。等了好一会儿不见王承恩回来，崇祯皇帝便按捺不住，携了两个儿子，慢慢来到国丈府第的大门前，只见兽环低垂，双扉紧闭，静悄悄地连一个人影都没有。崇祯皇帝就在大门缝向里一瞧，只见里面张灯结彩，二门前的轿、车停得满满的，丝竹管弦之声，隐隐约约地从内堂传出来。崇祯皇帝十分诧异："国已将亡，周奎怎么还在家里作乐，难道王承恩走错了府邸吗？"崇祯皇帝正在疑惑，只见王承恩气呼呼地走来，喘着气说道："实在太可恶！周奎这老家伙竟在家做八十大庆，朝中百官都在那里贺寿，奴才进去时，被二门上的仆人挡住不让进，奴才说是奉圣旨来的，才肯放过奴才，到了中门，又有个家人出来阻止，奴才说有圣旨，那家奴竟问道：'今天是国丈寿诞，不论什么要紧的事儿，一概不准入内！'奴才再三地央求他，他竟骂了起来。奴才实在无奈，只得在中门那儿高声大叫国丈接旨，谁知周奎那老家伙，在里边明明听到了，却故意装作没听见，反让家奴出来，将奴才乱棍打出。"崇祯皇帝听说，不由得大怒道："有这等事，周奎也欺朕太甚了！"说罢命王承恩前面带路，崇祯皇帝和两个皇子随后紧跟。到了大门前，大门早已被家人上了闩。王承恩此时气愤至极，一顿拳打脚踢，将国丈府的大门，打得轰轰直响，打了好一会儿工夫，只听得里面传来谩骂的声音，忽地大门开了，跳出一个黑脸短衣的仆人来，倒把崇祯皇帝吓了一跳。那仆人理也不理，破口大骂："有你娘的鸟事，这样打门？"王承恩喝道："圣驾在此，奴才竟敢撒野？快叫周奎出来接驾！"那仆人瞪了两眼，大声道："圣驾是什么鸟？我奉了国丈的命令，不许有人捣乱，你再纠缠不走，我可要叫人出来，把你送到兵马司里去了！"王承恩气得咆哮如雷："周奎这老贼目无君上，待我进去和他理论！"说罢向大门内走去。那仆人将王承恩的领子一把揪住，往门外一推，王承恩站立不稳，摔倒在大门的台阶上。王承恩霍地站起来又要奔上去，被崇祯皇帝拖住道："回去吧！不要与这些小人计较了！"王承恩气愤地说道："奴才拼着这条性命不要了！"话没说完，只听"嘭"的一声，那仆人合上门闩进去了。崇祯皇帝叹了口气说道："承恩呀，你不要这样生气了，这都是朕的过错啊，还有什么话可言！事到如今，朕也不必再去求他了，快回去吧！"说罢君臣二人，领着两个皇子，垂头丧气地回宫了。此时听得炮声震天，喊声和哭声一片。崇祯帝仰天垂泪道："朕何负于臣，他们却负朕至此！"一边叹气，一边匆匆地走着。

经过庆云巷时，猛听得前面马声嘶鸣，尘土飞扬，崇祯皇帝大惊道："贼兵已进城了吗？"王承恩也慌了手脚，忙道："陛下和殿下暂时躲避一下，待奴婢前去探听探听。"话音未落，只见三十骑马疾驰而来，要想躲避已来不及了。只见马上的人，一个个打扮得十分华丽，正中一匹高头骏马，马上坐着一位官员，不是别人，正是皇亲田宏遇（崇祯帝田妃之父）。田宏遇见了王承恩，拱手微笑，一眼瞥见了崇祯皇帝站在一旁，慌忙滚鞍下马，向崇祯皇帝行礼。崇祯皇帝阻拦道："路上很不便，田卿行个常礼吧！"田宏遇领命，行过了礼，便问陛下携同殿下，要到哪里去。崇祯皇帝听到，先叹了口气，将自己托孤的意思大约讲了一遍，又讲到周奎十分无礼，欺朕太甚，田宏遇听了，也觉周奎太可恶，便正色说道："陛下既有这个意思，那就把两位殿下交给为臣吧！"崇祯皇帝大喜，回头唤过永王、定王，吩咐道："你两个随了外公回去，一定要小心听受教导，万事顺从，孝顺外公就与朕一般，千万不要使性子，要知道你是已离开父母的人了，不比在宫里的时候。你弟兄一定要勤奋向上，切莫贪玩，朕死也瞑目。"崇祯皇帝一边嘱咐，一边用袍袖连连拭着眼泪，两个皇子也都痛哭起来。崇祯皇帝咬了咬牙，厉声说道："来不及了，你弟兄就此去吧！"说完回身对着田宏遇鞠了三个躬，然后说道："朱氏宗桃，责任都拜托卿家了！"田宏遇慌了，来不及还礼，只好扑通跪倒在地上，泪流满面地说道："陛下托于为臣，臣受陛下深恩，怎敢不尽心护持殿下，以报圣恩呢。"崇祯皇帝道："如此朕就放心了！"原来，田宏遇这时锦衣怒马，仆从如云，也是往周奎那里去贺寿，此时遇到崇祯皇帝，把永、定二皇子托付于他，便打消了去周奎那儿贺寿的念头，立即命令家人让出两匹马来，扶定王和永王上马，自己也辞别了崇祯皇帝，跃上快马，家人蜂拥着向田府去了。

崇祯皇帝站在那儿，含着眼泪，目送二皇子疾驰而去，直到瞧不见了影儿，才凄然回头，与王承恩两人在路上徘徊观望。王承恩禀道："时候不早了，陛下请回宫吧！"崇祯皇帝凄然说道："朕的心事如今已了，还回宫去做什么？"王承恩大惊道："陛下乃万乘之尊，怎可以流连野外？"崇祯皇帝流着泪说道："贼已攻破外城，到处烧杀抢掠，可怜朕的百姓无辜受此灾难。朕心实在不忍，朕想在这里，等贼兵杀到，与百姓同归于尽吧！"王承恩哪里肯答应，苦苦哀求崇祯皇帝回宫，崇祯皇帝忽然问道："这一带什么地方最高？朕要登高临下，看一看城外的黎民百姓，被闯贼蹂躏得怎样了？"王承恩见有机可乘，忙回答道："陛下如想眺望外城，须驾还南宫，那里有座万岁山——煤山，仁宗皇帝时，建有寿皇亭在山顶，登上亭子可以望见京师全城。"崇祯皇帝听说，便同王承恩走回宫来，这时日色已经西沉，乌鸦喳喳地哀鸣着，夹杂着凄楚的哭声，顺风吹来，更加凄惨。

四、悲情崇祯帝

月色昏蒙，寒风凄冷，京城外的火光，惨红如血。一阵阵的啼哭声，夹杂着炮火声和喊杀声，不绝于耳。崇祯皇帝扶着王承恩，踉踉跄跄地转回南宫，到了万岁山上，倚在寿皇亭的石栏边，遥望城外烽火连天，哭喊呼号声，兵器声马蹄声，隐隐可辨。火光四处不绝，照得满天通红，看到农民军正在那里大肆烧杀抢掠，繁华的京都，瞬时变成了一片焦土。这时天空月光，被浓云遮掩起来，越显得大地黝黑，举目都是一种凄惨的景象。崇祯皇帝凄然泪下道："黎民百姓有何罪，惨遭如此荼毒？"说罢回头对王承恩道："朕心已经碎了，不忍心再看下去了，卿还是扶朕下山回去吧！"于是君臣二人狼狈地下了山，匆匆进入乾清门。来到了乾清宫中，崇祯皇帝便提起朱笔来，草草书写手谕：着成国公朱纯臣，提督内外军务，诸臣夹辅东宫。书写完毕，掷下笔长叹一声。此时王承恩已出宫探听消息去了，崇祯皇帝回顾四周，只有一个小内监侍立在他的旁边，当即命令小内侍把朱书拿到内阁。当小内监捧着上谕来到内阁时，内阁里一个阁臣都不在，小内监只得把谕旨放在案子上，回身自己也逃命去了。

十七日那天，廷臣已不再上朝。只有范景文等几个大臣，还勉强进宫侍驾。君臣相见，都默默不语，只是相对流涕而已。半晌，崇祯皇帝挥手令范景文等退出，自己负手踱到皇极殿上，俯伏在太祖高皇帝的圣位下，放声大哭起来，直哭得泪湿龙衣，声嘶力竭，也没有一个内侍宫人来相劝。崇祯皇帝孤零零的一个人，越想越觉得伤感，索性倚在殿柱上，仰天长嚎起来。崇祯皇帝独自号哭着，由清晨一直哭到日色西斜，最后实在哭不动了，才擦擦泪起身，来到承仪殿，坐在那里发呆。坐了一会儿，不禁困倦起来，便斜倚在绣龙椅上，迷迷糊糊地睡着了。忽见一个峨冠博带的人走了进来，提着一支巨笔，在殿墙上写了个大大的"有"字，然后掷笔走了。崇祯帝正要说话，蓦然寒风刺骨，一觉醒来，才知是梦。崇祯皇帝定了定神，离开承仪殿，来到后宫。此时周皇后和袁贵妃等也都彻夜未眠，看到崇祯皇帝进宫，急忙出来迎接。崇祯皇帝瞧见皇后贵妃，个个都蓬首垢面，面容憔悴，不由得叹了口气，然后把梦境说了一遍，大家胡乱猜测着，魏宫人在旁说道："'有'字上半大非大，下半明不明，是大明残破的意思。"崇祯皇帝听了，变色不语。正在这时，猛听得门外脚步声杂沓，两个内监气喘吁吁地跑进来禀道："太监曹化淳已经开城降贼，陛下宜速急出宫躲避。"说罢匆匆忙忙地走了。崇祯皇帝正在疑惑不定，见襄城伯李国桢汗流满面地抢进宫来，叩头大哭道："逆阉献城，贼已经攻陷了内城，陛下请暂且避一避，臣等与贼巷战去了！"说完飞奔出去。崇祯皇帝也慌忙出宫，到奉天殿上。想召集群臣，共商善后事宜，环顾四周，内侍宫监多已逃得无影无踪了。崇祯皇帝没有办法，不得不自己走下殿来，执起钟杵，把景阳钟撞了一会儿，又握着鼓槌，将鼓咚咚地打得震天响。然后走上宝座，专等众臣入朝。谁知等了半晌，一个廷臣也没有来。

崇祯皇帝长叹一声，不得不走下宝座，回到后宫，恰好王承恩气急败坏地进来，大叫："贼兵已经进入内城，此刻正在内城烧杀抢掠。陛下快请移驾避贼！"崇祯皇帝愀然说道："事已至此，朕还避他干什么？你去午门外看着，见贼兵进宫，便来报告朕。"王承恩含泪叩了个头，匆匆地去了。崇祯皇帝于是在宫内召集后妃嫔人等，聚集在一起，崇祯皇帝命宫女拿过一壶酒来，自斟自饮，连喝了五六杯。此时太子站在他的旁边，崇祯皇帝回头说道："你还站在这里做什么？快逃命去吧！"太子见状，对崇祯皇帝和周皇后跪下磕了三个头，凄凄惨惨地哭着走出宫门。崇祯皇帝流着泪，把脸扭向一边，装作没有看见。

这时周皇后和袁贵妃围坐在崇祯皇帝的旁边痛哭。宫女嫔人，也围在周围哭泣着。崇祯皇帝垂泪叹道："大势已去！"又对周皇后道："卿可自己想办法。朕已经顾不上你了。"周皇后起身说道："臣妾侍奉陛下，已经十八年了，陛下从不曾听过臣妾一句话，才有今日！"说完笑着走进内堂。不大一会儿，宫女出来报告说娘娘自尽了，崇祯皇帝不觉泪如雨下，半晌回过头来对袁贵妃说："你为什么还不自尽？"袁贵妃含着泪站起来道："妾请死在陛下面前！"说完即解下丝带，系在庭柱上，上吊自杀。谁知丝带断了，袁贵妃掉在地上，不大会儿竟慢慢地苏醒过来。崇祯皇帝连忙从墙壁上拔下一口剑来，向袁贵妃连砍几下，才死了过去。随后又将其他的嫔妃，砍倒了四五人。

这时王承恩来报告外面的情况，崇祯皇帝叫他在前面带路，手提一杆二眼枪，君臣两人出了中南门，恰巧遇着一群逃难的内侍，崇祯皇帝便也夹杂在内侍当中，直向东华门走去。此时东华门还没有被攻破，守城的内监，见一群宫监拥来，以为宫中发生了内变，便喝令放箭，把一群内监射得四处乱窜。崇祯皇帝被众人一冲，一时站立不稳，跌倒在地上。慌忙爬起来，脚上的鞋子已经掉了一只，头上的皇冠也不知掉到什么地方了。再回头时又看不到王承恩了，崇祯皇帝没有办法，只得赤着一只脚，一步高一步低地往齐化门走来。成国公朱纯臣的府第就在齐化门内，崇祯皇帝便走到成国公的府中，但看门的把他喝住道："国公爷吩咐，现在是乱世时候，不经国公爷的命令或令箭，一概不许放人进入。"崇祯皇帝听了，长叹一声，呆立了好一会儿，才回身离开了国公府，随着一群难民，往安定门走去。到了城门前，只见门上锁着一把很大的石锁，不提防守门的士兵赶来，拿着一杆长枪，往人群中乱刺，众人赶紧回身逃去，崇祯皇帝也只好向回走，因走得太慌了，把头上束发的簪子都抖落了，网结脱开，弄得头发都散了。崇祯皇帝将待折回北去，恰好碰上起义军进城，难民四处狂奔。难民的后面，是守城的败兵。败兵被起义军追急了，如同丧家犬，东奔西窜，潮涌一般冲过来。崇祯给众民兵一拥，连跌了两个跟头，待爬起身来，衣服已经扯破了，脸上满是泥土，手指也被擦破，鲜血淋漓。崇祯皇帝到了此时，已走得脚酸腿软，头昏目眩，便抱定了必死的念头，盘膝坐在大街的石级上，一边喘息，一边还不住地用袍袖拭着泪。

正在这时，难民中忽然跑过一个人来，扑通一声跪在地上，抱住崇祯皇帝的双膝，放声痛哭起来。崇祯皇帝定睛一看，原来是王承恩，不觉叹口气道："朕和你倒还能见上一面。"王承恩收住眼泪说道："贼兵前锋已离这儿不远了，李将军率领着卫兵在那里死战，陛下请回宫去，免得落到贼人手里。"崇祯皇帝觉得也有理，于是由王承恩搀扶着，一步一挨地回到南宫。王承恩想扶崇祯皇帝进宫时，崇祯皇帝叹道："朕不愿回宫了，不如到万岁山上去休息一会儿吧！"王承恩没法，只得搀着崇祯皇帝来到万岁山上，在寿皇亭面前的一块大石头上坐下来。君臣二人默对了半晌，崇祯皇帝蓦然想起了慈庆宫的懿安皇后来，急忙向王承恩说道："朕出宫时太仓促了，没来得及通知张皇后，你可领朕谕旨，说贼人已经进城，必然会蹂躏宫眷，令张娘娘赶紧自裁了吧！"王承恩领了命令，匆忙下山去了。

张皇后是熹宗皇帝的中宫，熹宗去世，张皇后退居慈庆宫，崇祯皇帝继统，便封她为懿安张皇后。张皇后的为人，性情温顺，而且很识大体，严于礼节。在熹宗的时候，客魏当权，六宫嫔妃，无不受客魏的谗害，只有张皇后一人，没有被他们陷害。因为张皇后举止严正，不轻言笑，熹宗很是敬畏，客魏也惧怕张皇后，不敢恶意中伤。有时客魏正和宫人们嬉笑浪骂，即使熹宗皇帝出现也不怎么回避，只是当听说张皇后驾到，便立刻收敛起来，连大气儿也不敢喘，装出十二分的规矩来。张皇后对上虽持礼严肃，对待下人却极宽宏大量，不论谁犯了些小小的过错，并不过于追究，所以宫内的宫侍内监，没一个不恭敬佩服她的。崇祯皇帝对于张皇后，实属叔嫂，但在礼节方面如同对待母后。每到了初一、十五，崇祯皇帝一定亲临慈庆宫，向张皇后请安，张皇后担心有叔嫂的嫌疑，便令宫人垂了个珠帘，崇祯皇帝在外问安，张皇后却隔帘回拜，只是接受半礼而已。张皇后身体偶尔不适，崇祯皇帝一定要派人去问候，一天里有好几次。张皇后病愈后，便上疏谢恩。明宫历代后妃，谢恩是用奏疏的，只有张皇后一人不用。由于张皇后退居慈庆宫，常年不肯轻易走出宫门，所以谢恩代替了奏疏。当时王承恩领了上谕，经慈庆宫宣谕，由慈庆宫的宫女传谕进去，不大会儿，宫女泪流满面地出来说道："张娘娘已领旨自尽了。"王承恩听罢，回身出宫，前往万岁山来复旨。

崇祯皇帝在万岁山的寿皇亭上，听得远处喊杀连天，金鼓声不绝于耳，夹杂着一片男哭女啼的声音，忍不住遥望了一会儿，默默念想城破国亡，君殉社稷，自己绝无生存的道理，不如趁现在无人，寻个地方自尽了吧！打定主意，举目环顾四周，看到寿皇亭的旁边，有一株梅树，杈枝长得并不太高，于是就解下身上的丝带，爬到亭边的石柱上，把丝绦系在树上，正想引颈自缢，忽然转念道："朕既以身殉国，不可默无一言。"想到这里便把胸前衣襟反过来，咬破小手指，在衣襟上写道：

朕德薄匪躬，上干天怒。登极十有七年，逆贼直逼京师。虽朕之不明所致，亦诸臣之误朕也。朕死无面目见列祖列宗于地下，自去冠冕，以发覆面，任贼分裂朕尸可也，切勿伤百姓一人！

崇祯皇帝写罢，看着那株梅树，流着眼泪叹息道："这树是朕亲自栽植的，不料想今日竟做了朕绝命的伴侣了。"说罢又情不自禁地凄凉地哭了起来。这时喊杀声越来越近了，崇祯皇帝便含泪爬上石扶栏，把头颈套进了丝绦，双脚一蹬，身体就高高地悬在树枝上了。

王承恩出了慈庆宫，匆匆忙忙地上山来复旨，来到了亭子上，不见了崇祯皇帝，慌忙走出亭子四处张望，但毫无踪影，正在担心之际，蓦然抬起头来，见崇祯皇帝已悬在亭旁的树枝上，不由得大叫一声，昏倒在地上，半晌才苏醒过来，急忙爬上石栏，想要去解救，手刚触到崇祯皇帝的身上就已觉得冷得和冰一般，知道已经断气很久了。王承恩越想越是凄惨，捧着崇祯皇帝的双足，捶胸顿足地痛哭了一会儿，又自恨道："这都是我走得太慢了，以致皇上来不及救援。"想罢又哭，哭着又转念道："一个堂堂的皇帝，竟落得个这样的结局，何况我们太监呢？"王承恩想到这里，觉得天下万事皆空。于是收住泪，向崇祯皇帝拜了几拜，又深深地磕了几个头，含着眼泪说道："陛下请略等一等，奴才王承恩也来了。"说罢解下汗巾来，想爬上石栏去系时，又想自己是个太监，怎么能和皇上并肩对缢？便重又跳下石栏，把汗巾系在崇祯皇帝的脚上，又在上面打了一个死结，将头伸进去，身体向下一蹲，就吊死在崇祯皇帝的脚下。

五、闯王入宫

宫中自从皇后贵妃自缢，皇上出南宫而去后，内监们走了个精光，剩下的只是一些纤纤弱质的宫女。她们都是十三四岁进宫，从不曾出宫门一步，到了这种时候，叫她们往哪里去？这时魏宫娥和费宫人在宫门前大声喊道："外城内城都已被攻破，贼人如果进得宫来，我们女流之辈一定会遭到贼人的污辱，有志气的姐妹们，快各自打算吧！"说完，魏宫娥就快步上了金水桥，纵身跃入御河自尽了，费宫人也跳入后苑的井中。这样一班宫女，个个泪珠盈腮，纷纷自尽了，有投河的，有悬梁自缢的，有解带勒死在榻上的，有触庭柱而死的，还有用剪刀将自己刺死的，自尽的宫人共有三百七十九人，真是可怜极了。这一天是三月十八日，到了中午，内城全部被攻陷，农民军蜂拥而进，城内霎时到处鬼哭狼嚎，男哭女啼。

过了一会儿，天上飘飘地下起雪来。这时李自成由齐化门进城，左有内监杜勋，右有降将汪之信，军师宋献策，伪丞相牛金星，大将白旺，护驾贼将王宾，明降将刘承裕、杨永裕，总兵白广恩、陈永福，前呼后拥地随着李自成进城。先锋小张侯，一马当先，最后是副元帅李严，在后面督队。明襄城伯李国桢，率兵巷战，恰巧碰上前锋小张侯，二人交战，没战多久，李国桢大喝一声，一刀把小张侯劈于马下气绝而死。李自成大惊，忙令农民军四面包围起来。在这小巷中，那么多的人马，拥挤得身体几乎也不能转动。即使李国桢有三头六臂，到了此时，也英雄无用武之地，又加上寡不敌众，李国桢丢了大刀，拔出宝剑来一连砍死数十人，宝剑也砍出了缺口。李国桢丢掉了剑，又用手格杀了几个人，想要夺刀自刎，起义军一拥而上，把李国桢紧紧绑住。李国桢此时已精疲力竭，口里仍不停地大骂逆贼，起义军抽刀想剁死他，李自成忙喝住道："此人忠勇绝伦，我特别喜欢他，暂时把他囚禁起来了，慢慢劝他投降，不要难为他。"说罢，便策马进宫。

李自成进得宫后，只见兵丁们拥着一个姿色甚佳的女子进来，一询问，才知是吴三桂的爱姬陈圆圆。李自成听了，不禁吃了一惊。心想吴三桂是当代豪杰，现在又拥有重兵，我们抓住了他的爱妾，他一定带兵前来报仇，那可怎么是好？想到这里，急忙召牛金星和宋献策来商议对策，二人来到后李自成把情况和他们说了，要把陈圆圆送给吴三桂。宋献策说道："吴三桂虽是英雄，但十分好色，现在把他爱姬暂时留着，正好牵制吴三桂，而且他父亲吴襄也已被擒，现在可以逼他给吴三桂写信，劝他投降，到时再送回他的爱姬也不迟。"李自成听后，连声说有理，下令把俘虏带上来。一会儿杨承裕押着吴襄、李国桢等进帐，李自成故意拔出刀来要杀吴襄，吴襄看到李自成要杀他，吓得大惊失色，两手抖个不停。牛金星在旁边，劝住李自成，牛金星来到吴襄眼前，悄悄地告诉吴襄，如果你写信让吴三桂投降就不杀你，吴襄满口应承。当场写了一封家书，由李自成派了唐通，星夜送往吴三桂的军前。

李自成派人把吴襄领到馆驿中休息，又命宋献策来劝李国桢投降。李国桢慨然说道："要我投降不难，必须答应我两件事：一、皇帝皇后的遗体，要依照礼仪盛殓安葬；二、太监杜勋和曹化淳两人，应斩首沥血以祭皇帝。"宋献策回报李自成，李自成笑道："第一件是人臣应尽之礼，当然可以答应；第二件，李国桢是个忠勇的良将，咱杀了杜勋等两个卖国求荣的内侍，而得到一位忠义之臣，有什么不值？这也可以答应，你去告诉李将军吧！"宋献策回来把李自成许诺的话，大约说了一遍。李国桢欣然同意了。

李国桢辞别李自成他们，往东华门去殓崇祯皇帝、周皇后及懿安皇后。原来李自成进了北京城，下令搜寻崇祯皇帝，到了第三天，才发现崇祯皇帝的尸体在万岁山上，李自成下令让人把崇祯皇帝和周皇后的尸体抬到东华门外，然后搭了芦席棚子，遮在上面。同时李国桢准备好朱漆棺木，将帝后装殓好。又殓了懿安皇后，然后和熹宗合陵。崇祯皇帝皇后的棺木，安葬在思陵，李国桢又哭祭了一番。这时李自成派了将校，把曹化淳、杜勋两人押来，李国桢咬牙切齿地骂道："你们这两个卖国的逆贼，今天落到我的手里。是饶不了你们！"两个人低头不语，李国桢拔出尖刀来，对准曹化淳当胸一刀，挖出心肝，对杜勋也是一样。然后把他们的心肝放在盘内，在帝后的灵前致祭。等到祭祀完毕，李国桢叩头大哭道："臣已尽力，自愧无力保国，使社稷沦亡，这样的庸臣，还活着做什么？"说完举起那把剜心的尖刀，向着自己的颈上一刺，鲜血四溅，翻身倒地。站立在旁边的农民军士兵，急忙来抢救，但已经来不及了。于是赶紧回去报告，李自成大惊道："可惜了一个忠臣。"当即命令准备棺木，厚殓了李国桢，同时又命令宋献策选择吉日准备登极。

这时忽然听到外面人声嘈杂，李自成叫人去问问怎么回事，原来是抓获了一个明朝官员，他自称是国丈周奎，要来面见李自成。士兵们不理他，周奎还大摆架子，高声大哭起来，士兵大怒，把周奎的两手反绑起来，专门拔他的胡须。周奎骂一句，士兵们便拔一下他的胡须，越骂得响越拔得起劲，周奎不住地骂，士兵们也不停地拔，拔得周奎满嘴是血，痛得怪叫起来，嘴上的胡须，也拔得差不多了。周奎平时最爱他的胡须，常常自谓为美髯公，今日被士兵拔得颔下变了牛山濯濯，心里又气又恨，双手又被绑着不能动弹，便索性往地下一躺，大哭大叫地闹个不停。

李自成听到报告，命令把周奎带进帐中。杨承裕和周奎本是冤家对头，杨承裕的投降，有一半是遭到周奎的陷害。所以一听到周奎被抓住了，真是冤家路窄，报仇的时机到了。李自成攻陷京城时，杨承裕首先赶到国丈家中去抓周奎，但人早已逃跑了，不料想，让他们给抓住了。当时别人不知道他是国丈，是周奎自己承认的，这大概也是他恶贯满盈了。士兵拥着周奎进来，杨承裕在旁边一看，却不认得，说这个不是周奎，等到仔细一瞧，才看出来是周奎。因为周奎的胡须被士兵们拔去，所以杨承裕见了，竟认不出来。于是对李自成说道：“周奎身为国丈，平日里卖官鬻爵，家里十分富有，这次把他抓住，让他赞助些军饷也好。”李自成听完，对周奎说道：“你听见了吗？人家说你家里很有钱，叫你补助军饷，你自己肯拿出多少？”周奎磕了个头回答道：“闯王不要听信小人的谗言，如今国家穷得连俸禄都很难发了，做官的哪里还会有钱？”李自成大怒道：“我知道朝臣中数你最富，你还想抵赖吗？”立即命令手下：“把他给我吊起来！”士兵们马上把周奎吊在木桩上，李自成亲自执着藤鞭，在周奎的背上尽力抽了一下说道：“看你说不说实话！”打得周奎像杀猪般叫喊着，忙哀求道：“请闯王饶了下官，我捐饷五万，算是赎罪吧。”李自成暗笑道：“只打了一鞭，便有五万，打上十鞭，不是有五十万吗？可见他十分狡猾，他并不是真没钱。”想着又打了一鞭，打得周奎泪流满面，他是外戚国丈，享惯了荣华富贵，哪里受得了军营里的藤鞭？于是又连连说愿意再加助饷五万。李自成仍然不停，直到周奎增到现银三百万，说实在没有了，李自成这才住手，可周奎的身上也已被打得皮开肉绽，话也不能讲了。李自成怕他死了，没处去要钱，便命令士兵押着周奎，到了他别墅的后园，一缸缸的金银被挖出来，足有三四百万，其他珠玉宝石更是不计其数。周奎眼睁睁地瞧着家私全部被他们挖去，不觉得眼前一黑，大叫一声栽倒在地上，士兵们忙去扶他，只见周奎两眼向上，牙齿紧咬，已经死了。

李自成得到周奎的许多金银，知道明朝的大官吏都有钱，于是向杨承裕询问明朝朝臣还有谁有钱，杨承裕又说出内官王之心、宁远伯贾敦谨、尚书吕岱等人。李自成抓获王之心，命他助饷五百万。王之心十分狡猾，说自己是个宦官，皇帝国库尚这么穷，宦官侍候皇帝是下人，哪里有什么积蓄。李自成见他嘴硬，下令用刑。王之心被打得鲜血直流，仍是咬紧牙关不说。李自成笑道："这人太狡猾了，非得用特殊的刑具不可。"说罢命令手下拿过来两只弯曲的铜管，上面还有一只炉子，士兵把炉子烧着了，把两只铜管通在王之心的鼻孔里，一端放在炉子里面。那铜管渐渐地被烧红了，一缕热气，直通向鼻内。王之心实在忍不住，大声叫唤着，士兵们不理睬他。过了一会儿，铜管上下被烧得通红，塞在鼻内的一端哧哧地响起来，痛得王之心倒在地上乱滚，兵士们将他一把抓住，身体一点也不能动弹，硬生生跪在地上受刑。这个刑罚，是李自成亲自监工制造的，名叫红烟囱。王之心被烫得实在忍受不了，不得不招了，献出金子二百万两，银子五百多万两，还有大量珠玉等物。此外，又用这个办法令曹敦谨、吕岱等又各自献出金银二百万两。李自成大喜，重赏了杨承裕。

六、仓促称帝

这时李自成登极的日子快要到了，京中一些无聊的文人，竟然上书劝进，书中写道："比尧舜而多武功，方汤武而无渐德。"李自成得了劝进书，更加兴高采烈。到了登极那天，李自成带了手下杨承裕、白旺、牛金星、宋献策等，耀武扬威地进了承天门，直到奉天殿上，把钟敲响，那些原明朝的文武百官，宰相魏藻德、尚书刘名扬，武臣如都督吴襄、五城兵监王焕、将军仇宁，皇族如成国公朱纯臣，外戚如周凤兰、张国纪等，都冠服上朝。李自成看到百官聚齐，便大摇大摆地升了御座，百官正想俯地参拜，忽然看到李自成两眼一白，大叫一声跌下御座来。文武百官以及随从侍卫，慌忙上前扶起李自成，李自成半晌才醒过来，连连咋舌摇头喊道："厉害、厉害！"宋献策、牛金星忙问怎么回事，李自成指着殿中说道："我刚坐上御座，只见一个身长丈余、穿着白衣的人，用铁锤狠命地打来，这是一把什么交椅，只怕不是我坐的！"于是就干脆坐在殿旁，草草地接受了百官的朝贺。李自成将百官的姓名让宋献策记录下来，然后指名命令某人献银若干，如谁缺斤短两，便把他逮住，命侍卫挖去他的一只眼睛。又命令成国公朱纯臣助饷十万，朱纯臣不得不搜刮家中现金，仍不满十万，李自成狞笑道："你缺少饷银，我也叫你缺一样！"下令侍卫敲掉朱纯臣的五枚牙齿，朱纯臣满口流血，李自成反而哈哈大笑起来。当时朝臣没有一个不献出金银的，稍有缺斤短两，便要受到惩罚。

那时崇祯皇帝殉国的消息，传到了吴三桂那里。吴三桂虽率领大军，但害怕李自成兵力强大，不敢向前，只是按兵不动。正在观望之际，忽然听到李自成派遣使者来到，吴三桂吃了一惊，随即命令手下传使者进来。使者行完礼，呈上吴襄的书信，吴三桂拆开，果然是父亲的劝降信。

吴三桂看完书信，沉吟不语。唐通竭力称说李闯王如何仰慕吴三桂，吴襄如何盼望吴三桂回到京城，滔滔不绝地说个没完。吴三桂道："我吴某是个血性汉子，富贵功名，我并不放在心上。倒是老父在京城，我如果不投降，就害了老父亲的性命，说不定落个不孝子的恶名，也只好暂时委屈了。但愿老父亲无恙，以后我就退出这烦恼世事，选择一块清静的地方，陪着老父亲，啸傲烟霞，快活过下半世足矣。"说完，随即击鼓升堂，集聚众将，把降顺的意思向手下讲了一遍。

　　第二天，李闯王派来的守关将领率领士兵赶到。吴三桂把相关的公务交代清楚，然后率领精锐七千人，随唐通昼夜赶往京城朝见李自成。这天，到达渠州，碰见了家人吴良。吴三桂把他叫进大帐，问道："现在家里都好吗？"吴良见问，两眼流泪，哭诉道："家中财产，都被查抄去了。"吴三桂笑向众将道："你们瞧他，这么放不下事，这一点子小事，也值得这么悲伤，我一到就会都还回来的。"又问："太老爷、太夫人都还好吗？"

　　吴良道："不知如何告诉老爷，太老爷、太夫人、夫人他们都被捉去关在牢里呢。"吴三桂笑道："那也不妨，我如果一到，马上就会被释放出来的。"吴良回答道："但愿如老爷所言，能够放出来最好。"吴三桂道："你一路上辛苦了。到后营歇息去吧。"吴良叩谢，正要起身，吴三桂忽然又想起了一件事，喊住吴良问道："陈姑娘怎么样了？"吴良道："唉，对了，我还忘了告诉您，陈姑娘倒很安全，现在宫里头，新皇帝把她宠得不得了。"吴三桂不听则已，一听直气得暴跳如雷，顿足道："大丈夫不能保护一个女子，还有什么脸活在世上做人！"喝令左右："把来使唐通给我杀了。"参将冯有威劝谏道："如果杀了来使，那样起义军就有所防备。不如先率精锐部队，拿下关城，我们有了根据地，再行图谋进取。"吴三桂道："你说得很对，就照你的办法去办。我已乱了方寸，纵使一肚子神机妙算，这会子也想不出一点儿办法。"于是传下暗号，大小三军一齐出动，杀到山海关，向唐通突然发起进攻。因唐通立足未稳，所以很快让吴三桂击败，山海关重新回到吴三桂的手中。同时，吴三桂在给父亲吴襄信中说："父既不能为忠臣，儿亦安能为孝子乎！儿与父诀，请自今日。父不早图，贼虽置父鼎俎之旁，以诱三桂，不顾也。"这实际上也是与李自成决一死战的公开声明。

李自成得知山海关失守后，为事情的突变而吃惊，也为招降之事功亏一篑而感到后悔，他只好亲自出马去对付吴三桂。

崇祯十七年（1644）四月十三日，李自成亲自率领大军向山海关方向进发，北京由丞相牛金星和李过留守。李自成在用大军对吴三桂发起进攻的同时，他绝没有放弃招降吴三桂的想法。为此，他除了让吴三桂的父亲吴襄随同以外，还带上太子及太子的两个弟弟，另外还有在长安和太原俘获的秦王和晋王。李自成的用意很明显：让吴襄随行，消除吴三桂对自己的误会，用他们的父子情面使吴三桂回心转意；带上太子和明宗室的几个藩王，表明这些人在自己手中仍受到诸多优待，可以尽量消除吴三桂为死去的主人复仇的想法。这样，吴三桂你不是孝子吗？为救你的父亲也应该投降；吴三桂你不是一个忠臣吗？太子仍健在。李自成觉得再加上自己几十万大军的威慑，招降吴三桂仍可以成功。但是，无论李自成怎样用心良苦，做了怎样充分的准备，这次招降吴三桂的计划还是失败了。

第九章　清兵入关

一、多尔衮辅政

清军入关的前一年，即清崇德八年（1643，明崇祯十六年）八月初九，清太宗皇太极暴卒。围绕着皇位继承的问题，清皇族统治集团内部发生了激烈的斗争。

当时，亲王、郡王共有七人，即礼亲王代善、郑亲王济尔哈朗、睿亲王多尔衮、肃亲王豪格、武英郡王阿济格、豫郡王多铎、多罗郡王阿达礼。

此时，礼亲王代善的势力已远不如从前了，两红旗的实力已经遭到皇太极的削弱，他本人也年过花甲，久不临战，暮气沉沉，早已不问朝政。其诸子中最有才干的长子岳托和三子萨哈廉已英年早逝，二子硕托是一位年轻有为、屡建战功的人物，但又不为代善所爱，七子满达海虽有战功，尚属初露头角，还没有多少发言权。代善孙子辈的阿达礼和旗主罗洛浑颇不甘为人后，但在崇德年间却屡遭皇太极压抑。由此看来，两红旗老的老，小的小，已丧失竞争帝位的优势。但代善的资历老、地位高，且手中仍握有两红旗的实力。他在继承人的问题上最有发言权，他的支持或反对尚能左右事态的发展。

郑亲王济尔哈朗是镶蓝旗旗主，他是努尔哈赤的侄子，又靠皇太极的恩赐做了旗主。虽然他不是皇位的有力竞争者，但他的向背却对各派系有着重大影响，无论他倾向哪一方，都会使力量的天平发生倾斜。

肃亲王豪格是皇太极的长子，时年三十四岁，颇有战功。皇太极生前集权的种种努力和满族社会的日益封建化，也使豪格有实力参加到竞争中来。从利害关系而论，两黄旗大臣都希望由皇子继位，以继续保持两旗的优越地位。他们认为，豪格军功多，才能较高，天聪六年（1632）就已晋升为和硕贝勒，崇德元年（1636）晋封为肃亲王，掌户部事，与几位叔辈平起平坐。皇太极在世时，为加强中央集权，频频打击各大贝勒、旗主，拉拢、分化中间势力，大大削弱了各旗的实力，又把原属莽古尔泰的正蓝旗夺到自己手中，形成以两黄旗和正蓝旗为核心的皇权势力，合三旗的实力远远强于其他旗。因此，这三旗的代表人物必然要拥戴豪格继位。可以说，豪格是继承皇位可能性最大的一个人。

皇位的另一个强有力竞争者便是皇太极的同父异母弟多尔衮。他是努尔哈赤第十四子，生母阿巴亥。他比豪格小三岁，文武双全，功勋卓著，在处理军国大事方面被公认为宗室中的最强者。且身后有两白旗和两位勇猛善战的同母兄弟阿济格、多铎作为坚强的后盾，而且当时正红旗、正蓝旗和镶黄旗中也有部分宗室暗中支持多尔衮，这就更使他如虎添翼。

从当时的情况来看，皇太极遗留下的空位，只有三个人有继承的资格，即代善、豪格、多尔衮。这三人旗鼓相当，竞争最激烈的是后两人。具体来说，豪格居长子地位，又有三旗作为后盾，实力要比多尔衮略强。而且代善和济尔哈朗此时已经感到多尔衮咄咄逼人的气势，从而更倾向于豪格一边。

在皇太极死后不久，双方就开始积极谋划活动，并由幕后转为公开。两黄旗大臣们会于豪格之家，图尔格、索尼、图赖、锡翰、巩阿岱、鳌拜、谭泰、塔瞻八人倡议立肃亲王豪格为君。肃亲王豪格在众人怂恿之下，决心争位，并积极展开活动，争取支持。他派人找到济尔哈朗，对他说："两黄旗大臣已决定立肃亲王为君，需要和你商量一下。"希望能得到济尔哈朗的支持，济尔哈朗当即表示"我意亦如此"，但又认为需要与多尔衮商议。

就在两黄旗大臣密谋于肃亲王之家，紧锣密鼓地筹划拥立豪格的同时，两白旗的上层人物也正在积极筹划拥立多尔衮为帝。阿济格和多铎支持多尔衮，他们"跪劝睿王，当继大位"。并告诉他不用害怕两黄旗大臣，"尔不继位，莫非是害怕两黄旗大臣吗？舅舅阿布泰和固山额真阿山都说了：两黄旗大臣，愿意皇子即位的不过就是几个人，我们在两黄旗的亲戚都愿你继大位啊。"

双方都在为争夺皇位而加紧活动，时局日趋紧张。首先提议立豪格的图尔格为防万一，令其所辖的三牛录亲兵披挂甲胄，弓上弦，刀出鞘，守住自己的家门，害怕自己首当其冲，成为两白旗诸王的刀下之鬼。

皇太极去世后的第五天，多尔衮首先赶到三官庙，询问索尼对皇位继承人的意见，索尼直率地告诉他："先帝有皇子在，必立其一，他非所知也。"多尔衮知道反对他登位的两黄旗大臣态度是很坚决的。

崇德八年（1643）八月十四日，是一个决定大清命运的关键日子。崇政殿是皇太极生前议论朝政的地方，皇太极去世后，其梓宫也停放在这里。这一天，诸王大臣就在崇政殿集会，讨论皇位继承问题。这个问题是和平顺利解决，还是兵戎相见、互相残杀，直接关系到八旗的安危与满洲的未来。会议尚未开始，两黄旗大臣派两旗精锐的护军剑拔弩张，已把崇政殿团团包围起来，大有以武力相威胁之势！而后，索尼、图赖、鳌拜等两黄旗大臣，又手扶剑柄，气势汹汹地闯入崇政殿，等待会议的开始。这时的形势对多尔衮已颇为不利。会议刚一开始，索尼和鳌拜首先出来倡立皇子。多尔衮则针锋相对，认为诸王尚未发言，他们还没有说话的资格，厉声令他们暂时退下。

在索尼和鳌拜抢先发言被喝退之后，阿济格和多铎便出来劝多尔衮即帝位，多尔衮见两黄旗大臣气势汹汹的样子，遂犹豫不决，没有立即答应。但多铎却急不可耐地说："如果你不应允，该立我为皇帝！我的名字已列于太祖遗诏之中。"

多尔衮反驳道："肃亲王的名字也是太祖遗诏中提到的，不只有你的名字。"多铎在遭到哥哥的反对后，就提出另一位人选："要不立我，论年长者，当立礼亲王代善。"代善见多铎点到了自己头上，便开口说："睿亲王如果应允，当然是国家之福，不然的话豪格是帝之长子，当继承大统。我已年老体衰，力难胜任。"他提出一个模棱两可的意见。

豪格见自己不能被大家顺利通过，大为不悦，便说道："我福小德薄，哪能担当此任？"说罢，固辞而去，以退席相威胁。两黄旗大臣见主子离席，便纷纷离座，按剑向前，齐声说道："我们这些人，食于皇帝，衣于皇帝，皇帝的养育之恩与天同大，如若不立皇帝之子，那我们宁可跟从先帝死于地下！"

代善面对两黄旗大臣咄咄逼人的局面，不知如何是好，便连忙说："我虽是先帝之兄，常时朝政，老不预知，怎能参与此次议立呢？"说罢起身离去。阿济格也随着退出会场，多铎则默无一言。此时，殿中只剩下多尔衮、多铎和济尔哈朗以及两黄旗的大臣们。面对两黄旗的武力相逼，多尔衮开口说道："你们大家说得对，既然肃亲王豪格谦让退出，无继统之意，那么就应当立先帝之九子福临为帝。不过其年岁尚幼，八旗军兵事务，最好由郑亲王济尔哈朗和我分掌共管，左右辅政。待福临年长之后，当即归政。"

这一建议，似乎有点出人意料。机敏的多尔衮，在相持不让的僵局下，不失时机，当即提出了由皇太极的第九子、年方六岁的福临来继承帝位的方案。这个方案的妙处是，一方面满足了两黄旗大臣以死相拼拥立皇子的强烈愿望（对两黄旗大臣来说，只要立皇子就行，无所谓哪一个，因为这样，两黄旗就仍是天子自将之旗，地位显赫），另一方面多尔衮又排除了与自己实力相当的皇长子豪格。同时，对于多尔衮来说，面对刀剑相逼的两黄旗大臣，他虽然被迫放弃了争位的要求，但争取了已有支持豪格倾向的镶蓝旗旗主、郑亲王济尔哈朗的支持，从而稳定了局面。拥立不懂事的稚童，自己作为辅政王，他可与济尔哈朗分掌国家大权，在相当一段时间内他的地位可与皇帝相仿，虽无名而有实。对于济尔哈朗来说，自己做了辅政王，自然不会有反对意见。而代善自己本无争位打算，当然也希望化干戈为玉帛，对此自无异议。

这个妥协方案最终为各方接受了。

皇太极的第九子爱新觉罗·福临被决定继立为帝，郑亲王济尔哈朗和睿亲王多尔衮共同辅理朝政，这个方案一确立，代善便立即召集所有八旗王公贵族、文武大臣宣布："天位不可久虚，伏观大行皇帝之九子福临天纵徇齐，昌符协应，爰定议同心翊戴，嗣皇帝位。我等当共立誓书，昭告天地。"他首先率诸王宗室等对天发誓："嗣后有不遵先帝定制，弗殚忠诚，藐视皇上幼冲，明知欺君怀奸之人，互徇情理，不行举发；及修旧怨，倾害无辜，兄弟谗构，私结党羽者，天地谴之，令短折而死。"

接着，文武诸臣也进行宣誓："我等如谓皇上幼冲，不靖共竭力，如效力先帝时，而谄事本主，豫谋悖乱，仇陷无辜，见贤而蔽抑，见恶而徇隐，私结党羽，构启谗言，有一于此，天地谴之，即加显戮。"

然后，为了表示对济尔哈朗和多尔衮作为辅政王的信任和支持，大家又誓告天地，说："我等如有应得罪过，不自承受，及从公审断；又不折服者，天地谴之，令短折而死。"

紧接着，济尔哈朗和多尔衮也对天宣誓说："兹以皇上幼冲，众议以济尔哈朗、多尔衮辅政，我等如不秉公辅理，妄自尊大，漠视兄弟，不从众议，每事行私，以恩仇为轻重，天地谴之，令短折而死。"

至此，大局已定，仪式已毕，一场皇位争夺战结束了。众人三三两两地散去，一直紧绷着的神经也开始松弛下来。

时过境迁，但时至今日人们仍有疑惑：皇太极的几个儿子当中，为什么多尔衮偏偏选中了第九子福临？有人说多尔衮与福临之母、永福宫漂亮的庄妃早有私情，在庄妃的周旋下，便将其子福临推上了皇帝的宝座。我们说，这种情况虽有可能，但决定福临继位的根本原因，还是当时局势的发展和各派势力的均衡，以及满洲的制度和多尔衮对自己权力精妙设计的结果。

皇太极除了长子豪格之外，共有过十个儿子，但他死时只剩下七个。在五宫后妃中，清宁宫正宫、皇后博尔济吉特氏只生下三个女儿，位于其下的是关雎宫宸妃博尔济吉特氏，就是福临母亲的姐姐，她曾在崇德二年生下一子，但未及命名就夭折了，她自己也在三年后病逝。排在第三位的是麟趾宫贵妃博尔济吉特氏，生有一子一女，子即博穆博果尔。第四位是衍庆宫淑妃博尔济吉特氏，无子无女。第五位才是永福宫庄妃博尔济吉特氏——福临的生母，其他生子的贵妃、庶妃还有七位。从年龄来讲，当时比福临大的还有叶布舒（时十七岁）、硕塞（时十六岁）、高塞（时七岁）、常舒（时七岁）四人，但皆为庶出；从地位上来讲，博穆博果尔之母为西宫皇后，高于福临之母两级，为什么多尔衮不在这五人当中选一嗣君，偏偏选立了福临呢？

可能有如下原因：首先，多尔衮提出选皇子但并不同意豪格。自己做辅政王，目的是为了控制皇帝，自己独揽大权，使自己虽无皇帝之名，却有皇帝之实，因此，绝不能选择年龄较大者继立为帝。所以，叶布舒和硕塞就被排除在外，因为如果那样，他根本就没理由提出设立辅政王，即使勉强设立了，也不能辅政时间很长，这对于他当然是无利可图的。

其次，满族极重嫡庶之分，所立皇子的母亲必须是地位较高的五宫正妃，而不是没有徽号的侧妃或庶妃所生之子。皇太极生前最喜欢的妃子有两个。一是宸妃，她贤淑文静，与太宗感情极深。皇太极曾取《诗经》中以表达爱情著称的"关关雎鸠"诗句，来为她所居宫室命名。崇德六年（1641）她病逝之后，皇太极痛不欲生，饮食俱废，很长时间都未从悲痛中恢复过来。另一位，就是福临的生母庄妃。此人在五宫后妃中最为年轻，且又美貌动人，聪明伶俐，她善于体察皇太极的心意，因此很得皇太极宠爱。特别是宸妃死后，她就成为皇太极晚年生活中的唯一爱妃。这二人本是姐妹，且都只生有一子，但宸妃之子不幸夭亡，庄妃之子福临就占了天时、地利、人和，提出他来继嗣，应该是符合先帝心愿的，诸王自然没有话说。

但是，符合以上两个条件的还有一个人，即麟趾宫贵妃的儿子博穆博果尔。此子于崇德六年（1641）十二月出生，为皇太极的第十一个儿子，也是最后一个儿子，当时不过两岁多。其母博尔济锦氏地位也比永福宫庄妃高。那么为什么多尔衮没提出博穆博果尔作为皇位继承人呢？可能也有两方面的原因。首先，传说麟趾宫贵妃和衍庆宫贵妃原来都是察哈尔林丹汗的老婆，后来为清军俘获，代善等劝皇太极纳之，后来分列五宫后妃中的第三位和第四位。这样，她们就不是皇太极的原配，在人们眼中的地位就不甚高贵。此外，麟趾宫贵妃也不太被皇太极宠爱，她和衍庆宫淑妃之所以被皇太极安排在永福宫庄妃之上，其政治上的需要可能远比夫妻感情的因素要大得多，就是说，这是招徕蒙古诸部的一个手段，因此其实际地位当低于她的名号。其次，博穆博果尔才两岁，虽说多尔衮是辅佐幼主，但太小了也不合适，举行仪式时，总不能由母亲抱着，连起码的场面也应付不了吧？

因此，福临在当时被选中了，这绝不是偶然的机遇，或是凭多尔衮信口道来，而是当时诸多的客观因素决定的。

那么，又是什么因素决定了辅政王的人选呢？为什么诸王大臣只得同意由济尔哈朗和多尔衮，而不是豪格、多铎或代善来辅理国政呢？多尔衮出任辅政的原因比较清楚，他是牺牲了皇位继承权而出任辅政的，这等于是个交换条件。这一点，恐怕双方都很清楚。起初，多尔衮代表两白旗出来争夺皇位。此时，他出任辅政同样是代表着两白旗，这体现着最高统治阶层中各派势力的一种均衡，从这个意义上说，多铎和阿济格自然不能同任辅政王。当然，多尔衮个人的才能也为众所周知，多铎和阿济格不可能取而代之。

同样，福临即位，已经代表了两黄旗和正蓝旗的利益，豪格再出任辅政，均衡就会被打破，这是多尔衮无论如何也不会同意的。但是，能不能就由多尔衮一个人担任辅政王呢？不行。一边是六龄幼主，一边是雄才伟略的叔父，难免会出现大权独揽、个人专政的局面。这样，就必须有一个中间派上台，表面上并非多尔衮的敌对势力，实际上起一种抑制多尔衮的作用。对于多尔衮来说，也必须拉上一个比较好对付的人一同登台，这样，才可以避免暴露自己的真实想法，也使对手较容易接受自己的提案。谁能充当这个角色呢？代善不行，他早就表示"老不预政"，皇帝都不愿当，何况辅政王？于是，就非济尔哈朗莫属了。对于多尔衮来说，济尔哈朗容易对付，而他又曾支持豪格，拉他上来，两黄旗的人必定没话说，而且，把他放在第一辅政王的位子上，该方案就更容易被通过。这是平衡各派势力的最佳方案。

对于满朝文武来说，济尔哈朗和多尔衮出任辅政也并不出乎意外，因为皇太极晚年最信任、最重用的就是这两人。崇德七年（1642）十月，皇太极日理万机，不胜劳累，在外出休养时，国事"著大学士范文程、希福诣和硕政亲王、和硕睿亲王、和硕肃亲王、多罗武英郡王处会议"。济尔哈朗和多尔衮列于首位。崇德八年（1643）四月，皇太极赐诸王玄狐裘，济尔哈朗和多尔衮仍列首位。五月，他又命济尔哈朗和多尔衮向罗洛浑传谕。六月，饶余贝勒阿巴泰征明凯旋，皇太极令诸王大臣出迎，济尔哈朗和多尔衮排在最前面。八月，因阿巴泰征明大捷，文武群臣上表称贺，又是济尔哈朗和多尔衮领衔。这一切都表明，济尔哈朗和多尔衮在皇太极统治时期乃是群臣之首，而且济尔哈朗排在第一位，多尔衮排在第二位。这二人现在做了辅政王，众人也不会觉得意外，是最顺理成章的人选。

然而，尽管皇太极去世后所形成的政权格局，是各派势力充分较量后大家共同接受的结果，但仍有一些人公开或暗地里表示反对。

镇国公艾度礼在宣誓之前就说："二王迫胁盟誓，我等面从，心实不服。主上幼冲，我意不悦。今虽竭力从事，其谁知之？二王擅政之处，亦不合我意。每年发誓，予心实难相从，天地神明，其鉴察之。"他还把这些话都写在纸上，在集体宣誓之前焚化，表明他是被迫盟誓的。

多铎或许是对多尔衮不同意立他为帝不满，他后来居然对豪格说："和硕郑亲王初议立尔为君，因王性柔，力不胜众，议遂寝。其时我亦曾劝令勿立，由今思之，殆失计矣，今愿出力效死于前。"多铎仿佛不再是多尔衮的兄弟，而是变成了豪格的死党。

代善的子孙硕托和阿达礼在盟誓两天之后，对拥立稚童福临颇不甘心，仍积极活动，企图把多尔衮推上皇位，改变既成的事实。于是，在八月十六日，阿达礼先跑到多尔衮那儿，对他说："王正大位，我当从王。"接着又跑到济尔哈朗那儿，对他说："和硕礼亲王让我经常到睿王府中往来。"硕托也派吴丹到多尔衮处，对他说："内大臣图尔格及御前侍卫等，皆从我谋矣，王可自立为君。"最后两人又一起到代善那儿，以探视足疾为由，在床前悄悄对他说："今立稚儿，国事可知，不可不速为处置。"又附到代善耳边说："众已定议立和硕睿亲王矣，王何默默？"代善听后明确表示反对，并告诉他俩说："既立天誓，何出此言？更勿生他意！"

对阿达礼和硕托的四处游说，多尔衮迅速做出反应：当他们找上门时，多尔衮"闭门不纳"。二人跑到多铎处求见，多铎也令人对他们说："此非相访之时！"始终不出来相见。硕托和阿达礼无奈，只得又回到代善那儿去恳求他的支持，代善见告诫不听，立刻发了脾气，说道："何为再发妄言？祸必立至，任汝所为！"为了不牵连自己，代善立即将他们告发，多尔衮说："吾亦闻之。"于是他俩的活动被揭发出来。

据说，阿济格对多尔衮立幼子为帝也颇不满。"自退出后，称病不出，帝之丧次，一不往来。"

肃亲王豪格见到两黄旗大臣一立了皇子就不再坚持拥立他，便认为他们"向皆附我，今伊等乃率二旗附和硕睿王"。他还大骂多尔衮"非有福人，乃有疾人也"，"素善病"，"岂能终摄政之事"？并叫嚷："岂不能手裂若辈之颈而杀之乎？"他手下的杨善、伊成格、罗硕、俄莫克图等也纷纷愿为豪格效死。

面对这样一种新的挑战，新统治集团的核心多尔衮和济尔哈朗，甚至代善都主张坚决打击，绝不手软。济尔哈朗下令将艾度礼和他的妻子及其子海达礼一齐斩首，家产人口全部没收。豪格被夺所属七牛录，罚银五千两，废为庶人。其死党杨善、伊成格、罗硕、俄莫克图全部被砍头。其他知情者安泰、夏塞等俱遭鞭责。支持多尔衮的人，代善和济尔哈朗是主张重罚的，多尔衮也就更不能心慈手软。对于硕托和阿达礼，代善都可以舍弃自己的亲生骨肉，多尔衮要是容情，就势必被人认为是有私心。于是，他二人被宣布扰乱国政，以叛逆罪论死。阿达礼母、硕托妻因结党助逆，与同谋的吴丹一并处死。在十六日晚上，硕托和阿达礼被捕送到衙门，"露体绑缚"，与硕托之妻和阿达礼之母，"即缢杀之"。

面对阿济格的消极抵制，多尔衮派人警告他说："汝虽患病，皇帝丧事，不可不来也。"阿济格听后非常害怕，第二天就扶病上朝，不敢有所怠慢。

经过一番剑拔弩张的皇位争夺战，皇帝的宝座将由皇太极六岁的幼子福临继承。崇德八年（1643）八月二十五日，满朝文武斋戒祭告上天，改第二年为顺治元年。崇德八年八月二十六日，皇太极的丧期未过，就举行了顺治小皇帝的登基典礼。满洲贵族以及蒙汉各族大臣齐集笃恭殿，恭候新主登基。年幼的福临乘辇升殿，其乳母欲与他同坐，他不同意，并说："此非汝所宜乘。"然后，由东掖门出，诸王、贝勒及文武大臣跪迎两旁。他上殿后，问侍臣："诸伯叔兄朝驾，宜答礼乎？抑坐受乎？"侍臣答道："不宜答礼。"济尔哈朗和多尔衮率群臣行三跪九叩头的大礼，然后颁行登极大赦诏。

诏书曰："我太祖武皇帝，受天明命，肇造丕基，懋建鸿功，贻厥子孙。皇考大行皇帝，嗣登大宝，盛德深仁，弘谟远略，克协天心。不服者武功以戡定，已归者文德以怀柔，拓土兴基，国以滋大。在位十有七年，于崇德八年（1643）八月初九日上宾，今诸伯叔兄及文武群臣，咸以国家不可无主，神器不可久虚，谓朕为皇考之子，应承大统。乃于八月二十六日即皇帝位，以明年为顺治元年。朕年幼冲，尚赖诸伯叔兄大臣共襄治理。所有应行赦款，开列于后。布告中外，咸使闻知。"

颁诏完毕，文武百官再行三跪九叩头礼，大典即告结束。

二十几天后，王公大臣们齐至崇德殿，将皇太极的梓宫哭送到陵宫，马驼前导，出了大清门。通往陵宫的道路两旁，齐齐跪着大小贵族官吏以及外藩蒙古丧使，待大行皇帝梓宫安放完毕，王公大臣上前跪祭，最后把皇太极生前衣服及陈设用品一一焚化。至此宣告老皇帝的时代已经彻底结束，多尔衮开始了他的摄政生活。

在新皇登基前后这一个月里，多尔衮一直处在矛盾旋涡的中心，他的努力使满洲贵族内部剑拔弩张的紧张气氛瞬间烟消云散，虽然还没能最终解决矛盾。多尔衮的名次居位虽然都在济尔哈朗之下，但由于他的识略均远胜于济尔哈朗，因此，福临继位之初的军国大事依然主要由多尔衮来处理。九月初九，济尔哈朗便与阿济格率军出征宁远，至十月中才归，这实际上说明多尔衮已处于支配地位，在国中处理军政大事。按朝鲜人的说法就是，"刑政拜除，大小国事，九王（多尔衮）专掌之，出兵兵事皆属右真王（济尔哈朗）"。

十二月，济尔哈朗和多尔衮始称摄政王。其间，两位摄政王召集诸王、贝勒、贝子、王公大臣会议，对他们说："前者公议公誓，凡国家大政，必众议认同之后决定。现在考虑众说纷纭，不易决断，反误国家政务。"然后二人当众表示："我二人当皇上幼冲时，身任国政，所行善，惟我二人受其名；不善，亦惟我二人受其罪。任大责重，不得不言。"在如何安排皇太极成立的六部时说："方先帝置我等管理六部时，曾谕国家开创之初，故令尔子弟辈暂理部务，等大功告成，即行停止。今我等既已摄政，不便兼理部事，而诸王仍留，亦属未便，从今以后诸王管理六部事一概停止，止令贝子公来代理部务……"经过众人进一步讨论，议定："贝子公等管理部务亦停止，惟原在部之贝子博洛、公满达海不令卸事，其余王、贝勒、贝子俱罢管部务，部务悉由尚书处理。"

其后，多尔衮又先后谕各部尚书、侍郎及都察院官，让他们"克矢公忠，有见即行，勤劳罔懈"，都察院严加稽察三年考核。接着，又以考满称职，给户部尚书英俄尔岱等六部尚书、侍郎、启心郎、理事官等官员二十余名加官晋级，给予奖励。这样一方面减少了诸王对政事进行干涉的机会，又通过硬软两手使部官勤劳政事，一切权力皆向多尔衮一人手里集中，使摄政王的名称更加副实。这样，济尔哈朗实已退居多尔衮之下，多尔衮成了实际上享有皇帝一切权力的摄政王、太上皇。

为了尊崇多尔衮的显赫地位，顺治元年（1644）一月，由礼部议定摄政王多尔衮居内及出猎行军的仪礼，诸王不得与之平起平坐。于是，多尔衮实际上享有皇帝的尊荣和权力，成为清初的实际执政者和决策者，从而为他以后所实行重大政治、军事行动提供了强有力的保证。

二、挺进山海关

多尔衮独掌大权后，审时度势，敏捷果断，在政治上、军事上迅速进行了一系列战略性的调整，使清军得以顺利入关，占领北京，争取到了政治上、军事上的优势，掌握了主动权。

顺治元年（1644）三月，李自成农民起义军攻克北京，崇祯帝自缢身死，明朝灭亡。历史到了转折关头，逐鹿中原的时刻到了！

皇太极骤然而逝，对范文程打击很大，加之多年的奔波操劳，身体一下子垮了下来，此时他正在盖州汤泉疗养。听到明亡的消息，范文程急忙从养病的盖州温泉返回沈阳，上书多尔衮，建议清兵尽快入关，夺取天下。

他在奏书中写道，明王朝承受着内忧外患，已病入膏肓，不可医治，必须毫不迟疑地抓住这一机遇，挺进中原，否则，先入为主，天下将为他人所得。他更鲜明地指出，清王朝的主要敌人已不是日落西山的明朝，而是横征天下、不可一世的农民军，所以，不要等农民军夺得天下后再与其争夺，那将是严重的失策。范文程更建议，一定要改变过去烧杀抢掠、攻城不守的作风，要以王天下之气概，"申严纪律，秋毫勿犯"，安抚百姓，争取汉族官僚的支持。

范文程的意思，是让多尔衮转变观念，做好统治天下的准备，完成从一个剽掠者到负责任统治者的转变。

范文程虽然是汉人大学士，但他在皇太极时期树立起崇高的威望，他的话是非常有影响的。尤其是他对大明、农民军、清王朝三方条件、所处形势的透彻分析，对入关行动战略方针的周密规划，其高瞻远瞩、洞察秋毫的非凡气度，令诸王、大臣们折服。所以范文程启文一上，摄政诸王立即召开紧急会议，决定不失时机，即刻入关，逐鹿中原。

当中国历史进入17世纪中叶大转折的紧要关头，当清王朝未来发展处于千钧一发的关键时刻，范文程一言九鼎，对中国历史发展进程产生了一定影响。这是范文程对清朝最杰出的贡献，也是一位政治家才思敏捷、机智果断的最好发挥。范文程之所以成为清朝开国重臣，恐怕这是最主要原因。

四月初七，多尔衮统率大军，出师中原，行前祭告太祖、太宗。

清军一路缓行，四月十五日抵达翁后（今辽宁阜新一带。）这天早晨，遇到了明军辽东总兵吴三桂请援的使者——副总兵杨坤、游击郭云龙。他们向多尔衮呈交了吴三桂的请援信，在信中，吴三桂除了说明当时形势及一些客套话之外，主要表明他站在明朝立场上请求清军支援的态度，还没有表示降清。他的条件是与清军分治中原，"黄河为界，通南北好"。

多尔衮看了信，当然感到意外。他没想到屡招不降，据守山海关、宁远的吴三桂会投书乞降。但他还有些疑虑，怕这是阴谋，便给吴三桂写好复信，信中以一国之主的口气，用"封以故土，晋为藩王"的条件招降吴三桂。同时，命大军加紧向山海关进发。

清军以平均每天六十公里的速度进发，四天以后来到连山驿（今锦西）。这时候，李自成已开始攻打山海关了，吴三桂又派人给多尔衮送去第二封信，希望清军"速振虎旅，直入山海，首尾夹攻，逆贼可擒"。

多尔衮知形势急迫，立即命令大军星夜出发，昼夜兼程。清军越过宁远（今辽宁兴城）进抵沙河地区，小驻于沙河驿（中后所与前屯卫之间，距连山城一百五十里，距山海关一百里），然后继续进发。二十一日，清军在距山海关十里外，得到吴三桂军中哨骑的报告，说："贼已出边立营。"多尔衮遂命精兵往击，在一片石首遇大顺军唐通部数百人并迅速将其击溃。傍晚，清军再进离山海关十里处，已隐约可闻关内炮号轰鸣、喊声阵阵。清军发现山海关城中的炮火向东轰击，遂迟疑不敢冒进，扎营于关外欢喜岭。在对关内战况毫不掌握的情况下，多尔衮对阿济格、多铎说："不如分兵固守，以觇动静。"然后，清军"披甲戒严"，"高张旗帜，休息士卒"，"蓄锐不发"。并遣人到吴三桂营中打探虚实，以免上当。

此时农民军正在与据守关城的吴三桂军激烈交战。历史上著名的山海关之战就在这天开始了。

"两京锁钥无双地，万里长城第一关。"号称"天下第一关"的山海关，古称榆关，是万里长城东部的起点。关城南临渤海，北依燕山，横亘辽西走廊，东西为出入关门的必经孔道。在明朝，它"外控辽阳，内护畿辅"，是明朝经营辽东的陆路咽喉之地，一关雄踞，万夫莫开。

李自成大军猛攻山海关的翼城，两方拉锯，喊杀声震天。到二十二日黎明时分，吴三桂见情形不妙，又知清军已到关外，赶忙亲率五百骑，冒着矢林弹雨，赴欢喜岭拜见多尔衮。

在营中，多尔衮与吴三桂对天盟誓，吴三桂剃发称臣，以白马祭天，乌牛祭地，歃血斩衣，折箭为誓。而后，令吴三桂先行一步，与农民军进行决战，并答应清军随后就到。二十二日上午，三方军队，在关内石河摆开战场。李自成知道"成败待此一决，驱其众死斗"。农民军在石河以西列阵，马步兵二十多万"北至山，南至海"，排成一字长蛇。吴三桂也是"悉锐而出"先行迎战。清军以英王阿济格为左翼，率领万骑入北水门；豫王多铎为右翼，率万骑入南水门，为吴三桂两翼助战。多尔衮自率主力部队殿后指挥，从关中门进，并即赴石河西。这时吴三桂已挥兵上阵，一场恶战开始了！当日，"大风迅作，尘沙蔽天，咫尺莫辨"。因为几乎对面不见人，所以根本谈不上整整齐齐地交手。有些八旗将领不禁急躁起来，想乘势杀将过去，但都被多尔衮制止住。然后他把八旗主力部队面向大海，分层排开，主要针对农民军的阵尾。令吴三桂军为右翼之末，即最西端，实际上就是让他作为前锋，与列阵于石河西的农民军首先交战，自己衔住农民军长蛇阵的结尾，使其无法合围自如，这体现了多尔衮战术的高明之处。

由于风卷黄沙，对面不见人，所以吴三桂军出农民军之不意，出现在农民军阵前。李自成在庙冈之上立马观战，见此情形，急令农民军包围吴军。一霎时，金鼓之声、呐喊之声传到百里之外，在农民军层层包围之下，吴三桂率军左冲右突，拼命死战，但农民军数量上胜于吴军，战斗力亦很强，因此步步进逼，前仆后继。吴三桂军被围在核心，向左突围，便有农民军号旗向左指，使军队向左迎击；吴军向右冲击，号旗便向右挥，农民军又向右堵截，吴三桂恰如瓮中之鳖，无脱身之路，"阵数十交，围开复合"，"炮声如雷，矢集如雨"。双方苦战了大半日，直至下午时分，吴三桂开始支持不住了。就在他精疲力竭的时候，多尔衮抓住战机，突令清军出击。于是清军三吹号角，呐喊三声，以白旗骑兵二万从吴三桂军右侧突入，"万马奔腾不可止"。农民军不畏强敌，仍然奋勇拼杀，刘宗敏勇冠三军，但亦中箭负伤。

由于农民军已与吴三桂军相持了大半日，伤亡者较多，而且力气耗费甚大，因此无法抵挡一直养精蓄锐、在双方交战中作壁上观的清军，见到这种情况，李自成惊慌失措，当即下令撤退，自己麾盖先走，避开锋芒，于是农民军阵脚大乱，一败不可收拾。清军则乘胜追杀四十余里，缴获了许多驼马缎币。农民军被杀者不计其数，投水溺死者不知其几，横尸遍野，沟水尽赤。夜幕降临了，两天来一直震耳欲聋的炮声和呐喊声渐渐停息了。清军追击还师后，在关内五里处扎营。至此，这场各方投入总兵力近四十万人、连续激战两天一夜的山海关大战终于结束了。

据当时目击者说，战役中"凡杀数万人，暴骨盈野，三年收之未尽也"。山海关之战对李自成农民军、清军，乃至吴三桂都是至关重要的，这场战役的结果已远远超过了战争胜负的意义，中国历史又将从此翻开新的一页。

得了山海关，多尔衮松了一口气，范文程更是如释重负。他辅佐着皇太极，帮助他运筹帷幄，设典立制，频频西征，即想取此"天下之第一关"，获得入据中原之锁钥。几近二十载，虽日益向雄关靠拢，却不得一见。现在，仅激战一天，便俯首而拾，范文程不敢相信这来之过于迅速的胜利。不过，这毕竟是部分地实现了皇太极遗愿的事实，范文程应当深感喜悦，但他只是如释重负。他非常清醒，夺取山海关仅是打开了中原的大门，彻底击败已经遭受重创的大顺军，以军事战略不出现失误为前提，亦非极其困难。建立大一统天下之关键，还是争取民心，使民众接受大清朝代明而兴、君临全国这一事实。对尚缺乏政治统治经验的满洲贵族来说，其难度是相当大的。

范文程感到，新的重任即将压上肩头，他顾不上多看一眼巍峨的城楼，顾不上凭吊死尸枕藉、硝烟未息的战场，吃力地爬上战马，以高大、病弱之躯，随摄政王多尔衮疾驰而去。

取得山海关战役胜利的当日，多尔衮即封吴三桂为平西王，赐给他玉带、蟒袍、貂裘等物，并令山海关城内军民一律剃发。以马步兵一万隶属吴三桂，让他和多铎、阿济格一起率兵前往追击李自成。

从山海关逃回的大顺军士兵拖着疲倦的步履，又回到了原来的营地。李自成连遭挫折，士气大落，预料很难坚守北京，因而决定回师晋陕，以图东山再起。二十七日，为了发泄仇恨，李自成又杀了吴三桂全家三十余口，悬首城上示众。

为了证明自己曾经真正统治过天下，李自成最后决定在北京举行登基称帝仪式。二十九日，李自成在武英殿举行即皇帝位仪式，立妻子高氏为皇后，追尊七代考妣为帝后，牛金星代行郊天礼，并由六政府各颁一大诏书，以当年为大顺永昌元年。李自成身加衮冕，受各官朝拜。同时，出牌晓谕百姓速速出城躲避清兵。然后将木柴、硝磺之类运入承天门，这位大顺永昌皇帝计划烧毁这座自己刚刚享用过的宫殿。二更时开始放火烧宫，再烧九门城楼。五更时，农民军开始撤出北京，李自成命左光先、谷可成统领万骑殿后，载其所熔金饼数万狼狈地离开了北京。在他们身后，大火正燃烧着他们曾一度占有的地方。自三月十九日农民军雄赳赳、气昂昂地开进北京城，推翻朱明王朝的统治，到四月三十日仓皇撤退，其间不过四十二天。时间之短，变化之大，真是发人深思！

与此同时，山海关的清军正以锐不可当之势，积极向北京进发。多尔衮一方面派出吴三桂军追剿李自成，一方面仍考虑到用招抚的手段争取民心，特别是争取汉族地主阶级分子的支持。这样，前途的障碍就会大大减少。山海关之战时，多尔衮就再次告诫将士："不能乱杀无辜百姓，乱抢财物，乱烧房屋，否则，要论罪。"多尔衮曾发布令旨说："谕官兵等人知道，曩者三次往征明国，俱俘掠而行。今者大举，不似前番，蒙天眷佑，要当定国安民，以希大业。入边之日，凡有归顺城池，不许杀害，除剃头而外，秋毫勿犯。其乡居散屯人民，亦不许妄加杀害，不许擅掠为奴，不许跣剥衣服，不许拆毁房舍，不许妄取民间器用。其攻取之城，法不可赦者，杀之。可以为俘者，留养为奴。其中一应财物，总收公用。其城屯不论攻取投顺，房屋俱不许焚烧。犯此令者，杀以儆众。"多尔衮反复严肃军纪，确实收到了一定的成效。清军"入关之初，严禁杀掠，故中原人士无不悦服"。

此外，多尔衮还向百姓宣布清军严守军纪、安定国家的规定，招纳逃避四方的百姓还乡返里。尤其是，多尔衮利用明朝地主阶级的复仇心理，宣布清军入关的目的是："为尔等复君父之仇，非杀尔百姓，今所诛者惟闯贼也。"告诉明朝官民："官者归来复其官，民者归来复其业，师律严肃，必不害汝。"由于吴三桂是明朝旧官，他的话更易为汉族官绅所接受、相信，所以多尔衮又让吴三桂以自己的名义发布檄文，号召汉族官民归顺清军。京东州县，本来已无明军，农民军败退后，就更没有什么抵抗力量，顺利得让人吃惊。而且吴三桂已先发榜文到前路州县，所以各地士绅纷纷望风而降。

从山海关到北京不到千里的路程，多尔衮开始了他收买民心、招抚汉族地主阶级的计划。他每到一处，对百姓进行安抚，开仓济贫，还不让军队入城住宿，严申军纪，又对投降的地方官好言劝慰，赏赐袍服，保证他们原有的地位，这不仅使这些士绅感激涕零，也使当地百姓松了口气，更重要的是对京城内外各阶层人士产生了较好的影响，为建立清朝未来的统治打下了较好的基础。

三、进入北京城

清顺治元年（1644）五月初二，是一个艳阳天。

旭日刚刚升起，朝阳门外，早已是人山人海。几百名锦衣卫身着崭新的甲衣，手握大刀，列立于大道两旁。

大道上三百甲士列队于前，后面是几十名宫人举着各色大幡，这是迎接太子的銮驾。原来，他们打听到的消息是：吴三桂恰好解救了流落民间的崇祯帝太子，又击败了李自成，此次是奉太子回京的。

片刻，天地之间，尘土飞扬，各色彩旗像天边涌起的彩云，迎风招展。渐渐地，马蹄声由远及近，隐隐可见铁骑上盔甲的闪光。大队人马滚滚而来，前呼后拥。

"不好了，辫子军来啦！"声音很小，却像晴空响起一声炸雷。

原明朝御史曹溶一怔，忙抬头去看，只见大道上有一大队战马正飞奔而来。跑在最前面的全是汉人，盔甲鲜明，跑在最前面的确实是吴三桂的兵马，可手里举的不是明朝的旗帜，却是白旗。但走到离他们有一箭之地时突然不走了，而是闪到两旁。从后面冲出大队的满洲兵，个个头戴圆顶胡帽，身穿朝服，挽弓挎箭，脑后一条长长的大辫子拖在背上，所有的旗帜全是白的。

众人大惊，这时再想跑已来不及了，脚也站不起来了。

没等大家反应过来，满人已把銮驾和众人围住。曹溶两股战战，嘴张得老大，一时合不上，更是说不出话来。

正在惊异，突见吴三桂来到他面前，曹溶道："吴将军，本官早闻将军回京，特率众人来迎将军和……""太子爷"三个字还没说出口，曹溶突然发现，吴三桂的盔下有一根小小的辫子垂于脑后。他自然明白了，把下面的话咽了回去。

"好！好！难得大人有此忠心。这就是辅政王。"吴三桂旁边的这个人，正是辅政王多尔衮。

曹溶愤怒地指着吴三桂道："你身为大明重臣，食皇粮俸禄，受龙恩滋润。先帝爷把十万铁骑交与你守卫家门，可你却背弃龙恩，引狼入室，诈称奉太子回京，骗我朝百官信任，是何居心？"

突然从旁边蹿上来两名侍卫，眨眼间，两把锋利的长剑已架在曹溶的脖子上。

"王爷息怒，此时万万不可杀人。"

范文程从旁边走到多尔衮面前施礼道："王爷，我军此次入关，号称'仁义之师'，帮明朝灭贼除寇，故从山海关而来，长驱千里未遇一兵一卒的抵抗。泱泱大明天下，竟无一热血男儿率军相抗，可知明朝死士太少。今遇此人能视死如归，也算有节之臣。再说，刚刚入京就杀明之重臣，不利于我，请王爷三思。"

多尔衮微微点头，几个侍卫把曹溶押了下去。

众人进了紫禁城，多尔衮在武英殿接受众将与明旧臣的朝贺，并宣布，明朝旧臣只要前来报到，一律官复原职。之后多尔衮看了看武英郡王阿济格，说："武英郡王，大军进展如何？"

阿济格忙上前一步道："回王爷，我八旗大军已全部入关。我和豫亲王多铎、恭顺王孔有德、怀顺王耿仲明、智顺王尚可喜均已率部抵达京都。其中豫亲王和我的兵马正在京都北、西、南门，等候王爷的命令。"

"好，马上传命，所率兵马暂驻城外。"

"我们打到了北京，为何不让进城？"阿济格是个急性子，说话从不拐弯，直来直去。

多尔衮微微笑道："此事正要请大家商量。"

汉官范文程忙上前一步，说道："王爷，依臣之见，我大军不可进城。"

阿济格瞪着范文程大声道："此言何意？我大清将士浴血奋战，从盛京千里迢迢打到北京，不就是为了中原的人畜、财宝吗？今日京城已不攻自破，为何不能进？"

多尔衮心中也不同意范文程的意见，不过他知道范文程言出必有意，因此并没有说话，只是望着范文程。范文程面无惧色，朗声道："王爷，京都虽为明朝都城，但数日之内三易其主，城中物资早已损失殆尽，生灵涂炭，民不聊生。若我数十万兵将入城，吃、住均成问题，势必要与民争利。这无异于雪上加霜，不利于我大清长远之计。我军号称'仁义之师'，应不与民争利，不扰民，才可名副其实，请王爷三思。"

多尔衮还是没说话，看着豫亲王多铎。多铎这才开口说道："范学士所言有理，但依我之见，还是应入城为上。北京乃明之首都，我八旗之兵入城，分而据之，必断汉人光复明室、还于旧都之妄想，可瓦解汉人的斗志；再者，北京乃三朝古都，物产丰富，可为我进军中原据点，据其城防，用其物产；其三，北京地势险要，居于要冲，又有帝王之气，小则可据城守地，大则可迁清都于此。先帝在世的夙愿便是迁都北京，今日我们正可了却先帝的心愿。"

多尔衮道："城是要进的，不过不可乱来，为了防止各旗兵马为争地盘而闹乱子，应划地而据，范学士意下如何？"

范文程不是迂腐之人，只要不触及大原则，他也不会动不动来个"以死相逼"。见这三兄弟都要入城，而进城也有进城的理由，所以就改口说道："王爷英明，臣以为应进城。"

"那好，依学士之见，八旗之地应如何划分？"

"王爷居于皇宫，八旗之兵当然应以保卫皇宫为要务，可命北京内城之汉人全部迁往南城或其他地方，将内城划为八旗驻地，拱卫皇居，星罗棋布。若依'五德兼全，五行并用'之准则，以土胜水，两黄旗应位正北；金胜木，两白旗位正东；火胜金，两红旗位正西；水胜火，两蓝旗位正南。"

中国人一向喜欢讨吉利，更喜欢做什么事情有个名正言顺的说法。多尔衮听了这一番说法，很满意，不住点头，"就依范学士所言，各旗抵京后，依划地守驻，不得相互争夺。不许闯入民宅，对百姓要秋毫不犯，违令者严加惩办！"众人纷纷点头。

另外还吩咐京、津等地须贴出告示，不论官民贵贱，一律剃发留辫，先从明朝官员开始。绝不允许再有人心有二志。

六月，多尔衮与诸王贝勒大臣商议决定，迁都北京。八月二十日，清朝开始迁都。九月，顺治帝从盛京（今沈阳）到达北京，随后告天祭地。十月初十，顺治帝在皇极门向全国颁布登基诏书，清朝正式定都北京，开始了以北京为都城的长达260多年的统治。

尾声：腐朽的南明小朝廷

当李自成率领的大顺军攻陷北京、崇祯皇帝自尽的消息传到明朝的陪都南京时，城中官员一片慌乱，为了使朱明王朝苟延残喘，他们就忙着拥立新君。当时，从北方逃难来的明朝宗室有明神宗的侄儿潞王朱常淓和明神宗的亲孙福王朱由崧，也就是在洛阳被农民军镇压的老福王朱常洵的儿子。

这时，南京朝臣在拥立谁为新君的问题上发生了分歧。东林党方面的史可法等人认为朱由崧虽是神宗的亲孙，伦序较近，但以昏庸贪淫著名，而且他们担心朱由崧上台后会记"争国本"和"梃击案"的前仇，与东林党过不去，因此，就主张立较为通达的潞王朱常淓，理由是立贤。而凤阳总督马士英和因被定为"逆案"、罢官闲居在南京的阮大铖等一帮人却早就密谋好，主张立朱由崧，他们恰恰是要利用朱由崧和东林党的世仇，扶他上台，借以打击东林党，因此，他们极力主张应按伦序继统。

这样，两派官僚各为私利，各怀鬼胎，都想借立新君的机会获取政治地位、掌握大权。于是马士英就勾结高杰、刘良佐等四镇总兵，用武力做后盾，派兵把朱由崧接到南京。东林党人无可奈何，只好屈从。福王在崇祯十七年（1644）的五月就称了监国，没过几天，就正式即位当了皇帝，以第二年为弘光元年。这就是崇祯政权灭亡后，明皇室在南方建立的第一个南明政权。

这个由马士英等一些阉党余孽拥戴的皇帝所组织的政权，其腐败程度也就可想而知了。马士英以翊戴元勋的身份入掌内阁，而负有众望的史可法却被排斥到扬州做了督师。马士英又起用阮大铖做兵部尚书，入阁办事。两人狼狈为奸，把朝政搅得一团糟。马士英和阮大铖又以兴复为名，借口筹办经费到处大肆搜刮、滥征赋税，这样，更加重了人民的负担。

在这危急存亡的时候，弘光小朝廷里仍然在闹激烈的党争。马士英、阮大铖等人对东林党人大施打击报复，那些东林党人，张慎言、姜曰广等都遭到排斥，他们不得不一一告退，辞职归家。阮大铖因为自己曾经被列入逆案，因此愤恨不已，说："他们攻逆案，我就作顺案。"所谓顺案，也就是惩办那些曾经归顺过李自成领导的大顺农民起义军的官员。同时，他又编了一本名叫"蝗南录"的黑名单，指东林党人是蝗虫，凡是被列入《蝗南录》的人都惨遭迫害。

昏聩的南明弘光皇帝成天躲在深宫里纵情声色，毫不关心政治，而他所关心的只是那些梨园的子弟，是否有佳色，对政治国事却是不闻不问。

纵情声色、吃喝玩乐的南明弘光皇帝幻想着清兵停止南侵，这样，他们就能够苟安江南。因而，他们就不惜代价，向清朝统治者屈膝求和，派了一个使团，带上 10 万两白银，1000 两黄金，以及大量缎绢等丝织品向清朝乞求议和，无耻地把这些礼物说成是酬答清军替明朝打退了李自成的农民军。另外一个议和条件是：割山海关以外的土地，每年向清朝纳银 10 万两。他们就是这样不思收复失地却想以割地纳贡来换得片刻的淫乐。但是，清贵族们企求的是在全国范围内建立一个统一政权，而不是半壁河山，更不是早就为清朝所实际占领的关外土地。所以，他们不仅拒绝了南明弘光王朝的议和，而且拘捕了明使，并且指责弘光皇帝"僭立江南"。这样，清军在攻进陕西，打败了大顺军之后，就调出了一支军队来进攻南明弘光政权。

当清兵一路攻来，节节南下的时候，在南明弘光政权内部却是党争激烈的时候。驻守在江北前线的高杰、刘良佐、刘泽清和黄得功这四镇总兵，为争夺富庶地盘，搜刮民财，正在相互仇杀着。后来虽经史可法的委曲调停，但他们也只是维持表面的和平，却不能协力防守。

南明弘光元年（1645）三月，清兵逼近淮北地区，这时负责驻守武昌的左良玉在东林党官员的怂恿下，就以"清君侧"为名，兴兵顺流而下，直接攻向了南京。这时，马士英和阮大铖声称宁可投降清军也不能让左良玉得逞。这样一来他们不顾清军压境的危险，调总兵黄得功前去抵御，接着又调刘良佐和刘泽清两镇总兵率领部队入卫。但左良玉刚到了九江就暴病身死了，他的儿子左梦庚又被黄得功击败，就率军投降了清军。左良玉的军队虽然被击败了，但是负责防守清军的江北四镇的总兵也都撤了出来。这样，清兵就好像进了无人之境，只在四月中旬抵达扬州时才遭到史可法领导的扬州军民的抵抗。

但是史可法势孤力单，独木难支，挽救不了南明弘光政权的覆亡。

史可法在当时威信颇高。他为人正直，作风廉洁，率兵打仗时总是身先士卒，与士兵们同甘共苦，士兵没吃饱他不肯先吃饭，士兵没有御寒衣服他也决不肯先穿，他甚至代替守夜的士兵站岗。马士英忌恨史可法的威望，怂恿福王把他派到扬州督师。多尔衮也想借助史可法的威望平定江南，一再劝他降清。史可法断然拒绝："我已决心为国鞠躬尽瘁，对于你的招降，我是无论如何也不能听从的。"

史可法一赶回扬州，马上四处调兵。可是只有总兵刘肇基率领2000人来到扬州救援，其余各镇将领都拥兵观望，拒不听命。鉴于兵力太弱，无法迎击清军，史可法命令刘肇基将部队开入城内，紧闭城门，准备迎接持久的守城战。

清军统帅多铎对史可法的为人颇为敬重，写信力劝他降清。史可法接到信后连拆也不拆，就扔到了一边。多铎见劝降无效，就下令攻占扬州城。

史可法身披铠甲，手持宝剑，亲自和刘肇基在城墙上指挥。扬州城中的老百姓也都组织起来，青壮年男子登城站岗，老年人和妇女烧水煮饭。扬州城的军民同仇敌忾，一心抗清。总兵刘肇基向史可法献制敌之策："城内地高，城外地低，可以决开淮河，将水灌入敌军阵地，不怕敌军不退。"史可法认为："那样办，敌人未必能全军覆没，淮南一带的百姓可要遭殃了。我怎么忍心这样做呢？"

在扬州城内无良策对抗清军猛烈炮火的攻击的同时，清军的攻势益紧。尽管城中军民携手顽强抵抗，无奈力量悬殊，又孤立无援，城中逐渐陷入弹尽粮绝的绝境，眼见事情已不可能再有转机了，史可法决心与扬州城共存亡。他写信给母亲和妻子，表达自己将要以身殉国的决心，又叮嘱他的部将史德威："我死之后，请把我埋在太祖皇帝墓侧。如果实在不行，就把我埋在扬州城外梅花岭吧！"

清军攻打扬州城的第七天，扬州城内实际上早已经无抵抗之力了，可是城内军民宁死不降，紧闭城门，誓与扬州城共生死。然而就在这一天，清军的炮火炸坍了城西北角，随着"轰"的一声巨响，城墙如山崩地裂般顷刻间成了一片废墟，清军如潮水般从城墙缺口涌进城内。城内将士拼死抗敌，与清军短兵相接，在街巷里展开了肉搏战。总兵刘肇基在巷战中以身殉国，他们坚持到最后一刻，没有一个人投降，全部壮烈牺牲。史可法力挫群敌，令围攻他的清兵胆战心惊，最终因寡不敌众，被清军俘获。

清兵抓到史可法立刻带他去见清军统帅多铎。多铎素仰史可法为人，一见是史可法，就快步上前施礼，并再次劝降史可法："我再三拜请，都被先生叱回。今天先生对旧朝忠义已尽，就请替我大清收拾江南吧，不愁没有厚报。"史可法听罢两目怒视多铎，声色俱厉呵斥多铎："我是大明朝的重臣，岂能苟且偷生，做万世罪人！头可断，身不可屈！"多铎见史可法殉国之心已定，把脸一沉："既是忠臣，本帅就满足你的心愿吧！"史可法面无惧色，微微一笑，说："即使碎尸万段，我也心甘情愿。只有一件事相求，扬州城的百姓，请千万不要杀害。"说罢，昂首下城，从容就义。

扬州城被攻破后，明朝防守长江的将领也闻风逃之夭夭，士兵们纷纷投降。清军一路毫无阻挡，轻松地渡过长江后，在南明弘光元年的五月十六日那天，开进了南京城。南明弘光皇帝在五月十一日那天就已经仓皇出逃了，逃到芜湖黄得功的军中，黄得功战死后，南明弘光皇帝又被清军俘到南京，后来又被押到北京斩首了。南明弘光政权就这样覆亡了，前后仅仅存在一年的时间。南明弘光政权覆亡后，马士英和阮大铖从南京逃到了杭州，后来他们俩又都投降了清朝。

除了弘光，明宗室还建立了几个政权，如隆武政权、鲁王监国、绍武政权、永历政权，都是昙花一现，难挽大局。明朝就这样灭亡了。

参考文献

［1］赵毅，于宝航．明史十二讲［M］．北京：中国国际广播出版社，2009 年版。

［2］阎崇年．袁崇焕传［M］．北京：中华书局，2005 年版。

［3］颜廷瑞．范文程［M］．北京：中国人民解放军出版社，2006 年版。

［4］李景屏，王才．清朝大事本末［M］．北京：中国国际广播出版社，2007 年版。

［5］樊树志．万历传［M］．北京：人民出版社，1993 年版。

［6］孟森．明史讲义［M］．北京：中华书局，2009 年版。

［7］孟森．清史讲义［M］．北京：中华书局，2009 年版。

［8］阎崇年．明亡清兴六十年［M］．北京：中华书局，2007 年版。

［9］赵伯陶．中华历史通览：清代卷［M］．北京：中华书局，2001 年版。